"十三五"国家重点图书出版规划项目

Translation Series on the International
Law of the Sea

世界海洋法译丛

美洲卷

II

张海文　李红云

·主编·

青岛出版社

前 言
PREFACE

　　从 1609 年荷兰法学家格劳秀斯发表著名的《海洋自由论》到 1994 年
11 月 16 日《联合国海洋法公约》(以下简称《公约》) 生效,海洋法经历了
一个漫长而坎坷的发展过程。如今,海洋法已发展成为国际法中内容最新、
最完备的一个分支。截至 2017 年 11 月,《公约》已成为一个拥有 168 个缔
约国的国际条约。根据《公约》,沿海国家可以拥有自己的领海、毗连区、
专属经济区、大陆架;群岛国还可拥有群岛水域。国家在不同的海域中行
使不同的主权、主权权利和管辖权。

　　联合国秘书处海洋事务与海洋法司已将各国政府根据《公约》的有关
规定向联合国秘书处交存的文件予以公布,这些文件主要有:(1) 沿海国
家的有关海图或地理坐标表,注明直线基线、群岛基线;领海、专属经济
区和大陆架外部界限的大地基准点。(2) 沿海国公布的所有有关无害通过
的法律和规章;海峡沿岸国公布的在用于国际航行的海峡中有关过境通行
的法律和规章;沿海国在其领海的特定区域内暂时停止外国船舶的无害通
过的情况。(3) 沿海国家的立法实践。

　　考虑到我们在海洋法研究、实践以及立法工作上的需要,我们决定将
世界各国海洋立法、海洋边界实践以及国际海洋争端解决的经典案例译成
汉语,并列为国家海洋局海洋发展战略研究所关于海洋权益与法律问题的
系列研究项目之一,逐步编译成册出版,丛书名定为《世界海洋法译丛》。
我们的决定得到了联合国秘书处海洋事务与海洋法司的赞同和支持。

本丛书的内容包括世界沿海国家的海洋立法汇编8卷（非洲卷1卷、欧洲卷3卷、美洲卷2卷、亚洲卷1卷、大洋洲卷1卷）、海上边界协定1卷、海洋法争端解决国际案例汇编1卷和海上边界国家实践发展现状4卷，共计14卷。

《公约》生效后，《公约》中包含的原则和规则开始对各国的海洋实践产生重大影响，在各国海洋立法中尤为明显。国内立法是国际法研究的一个重要方面，不仅是一国履行国际义务的实践，还可以为国际习惯法的形成和发展提供证据。本丛书中的沿海国海洋立法系列将沿海国立法分为5个部分，分别是非洲国家、亚洲国家、大洋洲国家、欧洲国家和美洲国家。在每部分中将国家按英文字母先后顺序排列。此系列的翻译原文均为联合国网站公布的各国提交的该国立法英文文本。需说明的是，其中有些立法是从其他语种的官方文本译为英文的。我们在翻译过程中尽量做到忠实原文，对有明显错误的地方作了注释。译文尽量保持原立法的完整性，仅对个别立法中与海洋法无关的内容作了省略，并作出标明。

海洋划界是现代海洋法的重要部分。《公约》对国家主权和管辖海域的规定（增加领海宽度、设立专属经济区这一新制度，重新界定大陆架等）使得各沿海国之间出现了大量的重叠主张。各沿海国家相互之间签署了大量的边界协议，但仍有200多项海洋划界问题亟待解决。海洋划界的发展经历了3个阶段：第一个阶段自18世纪至二战爆发前，见证了沿海国普遍接受将陆地领土主权延伸至领海的历程，形成了一些划界的基本原则。第二个阶段始于第一项领海范围以外海洋划界协定（1942年《帕里亚湾条约》）的出台，进而杜鲁门1945年发布《大陆架公告》，直至1958年《大陆架公约》和1969年《北海大陆架案》，见证了海洋划界向外拓展并涵盖大陆架的过程。第三个阶段自专属经济区概念和大陆架新定义首次引入第三次《联合国海洋法公约》会议谈判案文并最终写进《公约》开始，海洋划界有了新的内涵。本丛书中的海上边界协定部分收录了1942—1991年相关国家之间签订的海洋划界协定。为方便查询，协定按地区分类汇总，如大西洋区域（北大西洋和南大西洋）、加勒比区域、地中海区域、印度洋区域和太平洋区域（东太平洋和西太平洋），每个区域依照国别和划界区域列出协议。

本丛书中的海洋法争端解决案例系列收录了自 19 世纪末至 20 世纪初的 33 个海洋法典型案例，内容编排为 7 章，涵盖了海洋法主要的案例类型：第一章为基线、海湾和领海类案例；第二章为国际航行海峡类案例；第三章为海洋划界类案例；第四章为渔业和海洋生物资源类案例；第五章为公海刑事管辖权和船旗国管辖权类案例；第六章为航行类案例；第七章为海洋环境类案例。这些案例包含了国际常设法院（Permanent Court of International Justice，2 宗）、中美洲法院（Central American Court of Justice，1 宗）、国际法院（12 宗）和国际海洋法法庭（International Tribunal for the Law of the Sea，7 宗）作出的判决及仲裁法庭（10 宗）和特别委员会（1 宗）作出的仲裁裁决。由于有些涉及海洋法的争议仍在审理当中，因此不排除以后会更新相关审理结果的可能性。

本丛书中的海上边界国家实践发展现状系列旨在广泛传播各国在实践中适用《公约》的现状，为《公约》的实施提供帮助，促进各国统一、一致地适用《公约》规定的复杂而全面的国际规则。此系列包括 1982—1994 年的双边和多边条约、国内立法及政府照会、宣告和声明，按照国家字母顺序逐一列出。内容涵盖以下事务：领海基线、领海宽度及归属、专属经济区的建立、大陆架的界定、海岸相向或相邻国家间海上边界的划定等。

本丛书的编译工作由张海文主持，北京大学法学院李红云教授及其部分研究生、北京师范大学法学院张桂红教授及其部分研究生以及原国家海洋局国际合作司梁凤奎、祁冬梅、宁佳、蔡璧岭等参与了翻译工作。天津外国语大学黄影讲师负责本丛书的审校工作。丛书的文字翻译是对联合国公开资料的客观展示，以利于国内读者作为资料参考，并不代表编者和出版者认可其观点和立场。在编译过程中由于水平所限，错误在所难免，在此欢迎读者批评指正。

本丛书集合了国内立法和政策、边界协定和国际法案例，为我国了解国际海洋边界的最新进展、熟悉"海上丝绸之路"沿线国家的基本情况以及国际司法和仲裁机构对各类涉海问题的解读和分析提供了权威参考资料，对于推动国际法治、实现海洋强国具有重要的现实意义。我们希望通过《世界海洋法译丛》的编译出版，能对我国研究海洋法的学者和学生、涉海的政府行政主管部门、海洋立法和执法机构提供一些帮助和参考，为我国海洋事业的发展尽绵薄之力。

编译者

2017 年 11 月 28 日

目　录
CONTENTS

洪都拉斯
Honduras

（英文文本截止于 2009 年 10 月 30 日）

关于海洋自然资源利用的第 921 号法令
（1980 年 6 月 13 日）

第一条

在不妨碍洪都拉斯共和国《宪法》及关于领海和大陆架的法律的规定的情况下，洪都拉斯的专属经济区得从测量领海宽度的基线起延伸至 200 海里的距离。

洪都拉斯共和国在专属经济区内有：

（1）以勘探、开发、养护和管理海床、底土以及上覆水域中的所有生物或非生物资源为目的的主权权利，以及关于在该区域内从事任何经济性勘探和开发，如利用海水、海流和风力生产能的主权权利；

（2）对授权和管理建造、操作和使用任何类型的人工岛屿、设施和结构的专属性权利和管辖权，包括与海关、财政、健康、安全和移民法规有关的管辖权；

（3）对与管理、授权和从事海洋科学研究的所有事项有关的管辖权和控制。海洋科学研究只有在获得洪都拉斯共和国事先同意，并在政府代表认为可取且参与的情况下方可进行；

（4）以保护海洋环境，预防、减少和控制任何来源的污染为目的的管辖权和控制；

（5）源于对专属经济区资源的主权权利的其他权利和义务。

第二条

在专属经济区中，所有国家，不论沿海国还是内陆国，在不妨碍前一条规定的情况下均享有航行与飞越的自由、敷设海底电缆和管道的自由，以及直接与船舶、飞机以及与海底电缆和管道的操作有关的海洋其他国际合法用途。

第三条

作为一项主权权利事项，洪都拉斯考虑到资源的最大化和合理利用的目标，以及洪都拉斯人民营养需要的优先满足、经济发展的要求和其他国家利益，得决定专属经济区内生物资源的可捕量。

若为洪都拉斯国民利益或根据洪都拉斯法律结成或组成的公司利益的相关立法对承认、许可或准许在洪都拉斯领海或大陆架捕鱼作出限制规定，则在不妨碍这些规定的情况下，国家可以根据现行的和此后可能颁布的关于该事项的其他立法，向外国人颁发许可或特许，授权其勘探或开发专属经济区内的其他资源。

行政机关对执行本条产生的任何问题可提交洪都拉斯法院解决。

第四条

考虑到经济发展，洪都拉斯得颁布其认为与管理以下事项有关的法律：

（1）规费的交纳以及对渔民、渔船和设备发放许可证和其他形式的报酬，这种报酬可包括有关渔业的资金、装备和技术方面的适当补偿；

（2）决定可捕鱼种，并确定渔获量的限额，不论是关于特定种群还是多种种群，或一定期间的单船渔获量，或在特定期间内任何国家国民的渔获量；

（3）规定鱼汛和渔区，可使用的渔具的种类、大小和数量，以及渔船的数量、大小和种类；

（4）确定可捕鱼类或其他物种的年龄和大小；

（5）具体规定渔船应提供的信息，包括渔获量和捕捞能力的统计和船舶位置的报告；

（6）在洪都拉斯的授权和控制下进行的特定的渔业研究计划，以及对这种研究的管理，包括渔获物抽样、样品处理和相关科学资料的报告；

（7）国家在上述各项中提及的船舶上配置观察员或受训人员；

（8）上述各项中提及的船舶在国家港口卸下捕捞物的全部或部分；

（9）有关联合企业或其他合作安排的条款和条件；

（10）对人员培训和渔业技术转让的要求，包括提高洪都拉斯从事渔业研究的能力；

（11）执行这些规定的规则和程序。

第五条

在行使勘探、开发、养护和管理专属经济区生物资源的主权权利时，洪都拉斯可以采取为确保遵守依本法颁布的法律和规章所必要的措施，包括登临、搜查、检查、逮捕和司法程序。

在逮捕或扣押外国船舶的情况下，应迅速通过适当渠道通知船旗国已经采取的措施和刑罚。

第六条

本法不应限制他国在互惠基础上的类似权利，或以任何形式免除他国义务。该义务根据1982年《联合国海洋法公约》或今后的洪都拉斯作为缔约方并基于对洪都拉斯共和国领土主权或对资源的主权权利的尊重所缔结的条约产生。

第七条

行政长官得为执行本法颁布规章。

设立一个部长委员会。该部长委员会由国家自然资源、经济事务、财政、公共健康、国防与公共安全部门及港务局的部长组成。

部长委员会得拟定相关规章，并作为常设咨询机构提供服务以及提出具体行动建议，以便最大化利用自然资源，实现洪都拉斯人民的生活标准的提高以及国家经济的普遍发展。

第八条

对本法和依据本法制定的法律的执行应由自然资源部的秘书长直接负责，并受共和国海军与空军力量协助。

第九条

本法应于政府公报公布之日生效。

1982 年洪都拉斯共和国宪法（第 131 号法令）
（1982 年 1 月 11 日）

···········

第十一条

以下属于洪都拉斯共和国：

（1）从沿整个海岸低潮的基线量起 12 海里的领海；

（2）毗连领海，从测量领海宽度的基线量起 24 海里的区域；

···········

（5）在太平洋，前述方法的实施应通过从丰塞卡湾（Fonseca Bay）的封口线起向公海延伸实现。

第十二条

国家对领空、大陆和岛屿领土、领海、毗连区、专属经济区和大陆架享有主权和管辖权。

这一主权的宣告并非无视其他国家在互惠基础上的合法权利，而且既不妨碍所有国家依据国际法享有的自由航行权，也不妨碍对共和国批准的条约或公约的遵守。

···········

洪都拉斯共和国政府公报第 172−99 号法令
（1999 年 10 月 30 日）

国会考虑到以下事项，兹颁布本法令：

在 1993 年 10 月 5 日，洪都拉斯共和国签署了《联合国海洋法公约》，该文件囊括了保障国家对海洋种群权利的基本原则；

1982 年《洪都拉斯政治宪法》包含了与确定国家领土的领空、大陆和岛屿领土、领海、毗连区、专属经济区和大陆架有关的主权和管辖权原则；

洪都拉斯共和国是一个两面临海的国家，由此有必要通过法律管理海洋区域和协调法律、政治、经济和环境问题，优先保护和开发作为重要经济和环境区域的海洋环境的自然资源。

洪都拉斯海域法

第一条　内水

1. 测量领海的基线内的所有水域，以及港口、海湾、停泊处和水曲的水域，均视为内水。

2. 国家主权及于内水水域、海床、底土和上空。

3. 若依据第三条规定的方法，直线基线包围了以前并未视为内水的水域，在这些水域中得行使无害通过权，以便国际海上航行。

第二条　领海

洪都拉斯共和国的主权及于陆地领土和内水之外且邻接其海岸的领海，即位于测量洪都拉斯所有海域的基线和其各点与基线各点距离 12 海里的外部界线之间的一带海域。

第三条　领海和其他洪都拉斯海域的内部界限

1. 测量洪都拉斯领海和其他海域宽度的正常基线是海岸低潮线。

2. 即使有前款规定，在海岸线非常曲折的地方，或者如果紧邻海岸有一系列岛屿，测算领海宽度的基线的划定可采用连接各适当点的直线基线法。但是，直线基线的划定不应在任何明显的程度上偏离海岸的一般方向，并应考虑 1982 年《联合国海洋法公约》确定的原则。

3. 基线应在一种有比例尺的海图或注明各点大地基准点的地理坐标表上标出。洪都拉斯应依据国际法公布这些海图和列表。

对于丰塞卡湾，基线应是依据国际法院 1992 年 9 月 11 日的判决确定的连接阿玛欧拉角（Punta Amaoala）和科西圭纳角（Punta Cosiguina）的直线。

第四条　领海法律制度

依据国际法，洪都拉斯得对其领海行使主权。领海包括其海床、底土及其自然资源和上空。

因此，除非有条约规定更为宽松的制度，其他国家的船舶仅得享有 1982 年《联合国海洋法公约》规定的无害通过权。

第五条　毗连区

1. 在毗连领海的区域，洪都拉斯为以下事项之必要进行控制：

（1）防止在领土或领海内对其海关、财政、卫生或移民法律和法规的违反；

（2）惩罚在领土或领海内对上述法律和法规的违反。

2. 毗连区自测量领海的基线起延伸至 24 海里，包括从基线起延伸至 24 海里且属于领海外侧的区域。

第六条　专属经济区

洪都拉斯建立其沿岸的专属经济区，是从领海外部界限延伸至自测量领海宽度的基线起 200 海里的区域。

第七条　专属经济区制度

1. 在专属经济区，洪都拉斯享有以勘探和开发、养护和管理海床上覆水域和海床及其底土的生物或非生物资源为目的的主权权利，以及关于在该区域内从事其他活动的主权权利。

2. 在专属经济区，洪都拉斯明确禁止外国船舶捕鱼和获取任何其他海洋资源，除非国际条约有相反规定或经洪都拉斯不可否认的明确同意。

3. 除上述规定之外，洪都拉斯有关于以下事项的管辖权：

（1）建造和使用以勘探和开发海床及其底土自然资源为目的的人工岛屿、设施和结构；

（2）海洋科学研究；

（3）保护和保全海洋环境免受污染；

（4）惩罚对有关上述事项的法律和法规的违反，特别是关于捕鱼和获取任何其他自然资源、海洋科学研究和污染的防止与控制。

第八条　在专属经济区捕鱼和行使其他自由的制度

1. 在洪都拉斯专属经济区捕鱼的权利属于洪都拉斯，并依据与相关国家的国际协定，该权利也属于其渔船惯于在该区域捕鱼的国家的国民。

2. 在该区域行使自由航行权时，外国渔船应遵守洪都拉斯防止外国船舶参与捕鱼，包括与拖网渔具有关的捕鱼的法律。

3. 该区域的建立不妨碍其他权利，如航行和飞越自由、敷设海底电缆和管道的权利，以及第三国船舶依据 1982 年《联合国海洋法公约》享有的合法权利。

第九条　大陆架

洪都拉斯大陆架包括邻接领海且从基线延伸至 200 海里的距离或到大陆架外缘的水下海床和底土。

第十条　大陆架资源

洪都拉斯大陆架自然资源指海床和底土的矿产和其他非生物资源，以及定居种生物资源。定居种生物资源指在可捕捞阶段在海床上或海床下不能移动或其躯体必须与海床或底土保持接触才能移动的生物。

第十一条　大陆架制度

1. 洪都拉斯有以勘探和开发其大陆架自然资源为目的的主权权利，任何外国人未经沿海国的明示同意，均不得从事此种活动。

2. 洪都拉斯有与建造以勘探和开发资源为目的的人工岛屿、设施和结构有关的管辖权，与涉及该类人工岛屿、设施和结构的任何用途有关的管辖权，以及关于惩罚对相关法律和规章的违反的管辖权。

3. 上述洪都拉斯的主权和管辖权不妨碍其他国家的权利和自由，特别是与 1982 年《联合国海洋法公约》规定的敷设海底电缆和管道有关的权利和自由。

第十二条　在相邻和相向国家之间的领海、专属经济区和大陆架的划界

1. 在洪都拉斯和邻国之间上述海域的划界依据它们之间以国际法为基础的协定确定。

2. 该类协定应达到公平结果。为适用公平原则，要考虑等距离和比例性作为公平的具体形式，还要考虑相关特殊情况，如岛屿的存在。

3. 在丰塞卡湾的特殊情况下，洪都拉斯应遵守 1992 年 9 月 11 日国际法院依据国际法作出的关于它与相邻国家领海划界的判决，对此它受许多历史友好联系的约束。

第十三条　地区海洋合作

对于洪都拉斯和邻国在环境和生态保护、某些种群或资源的可持续生产，或以科学研究、旅游或经济发展为目的的共享用途方面有共同利益的海域，本法规定可以通过国家间缔结的涉及加强环境保护或更合理利用环境的条约作出修改。

第十四条

在洪都拉斯沿岸的半闭海，为以下事项应建立与其他沿岸国合作的适当机制：

（1）以系统有效地保护和开发海洋生物资源为目的的合作活动；

（2）加强保护和保全海洋环境，免受使用者污染；

（3）国家合作科学研究政策。

第十五条　污染的控制

在洪都拉斯的海域，洪都拉斯得依据国际法采取必要措施以防止、减少和控制对海洋环境的任何污染，并为此目的运用最切实可行的国内方法和源于条约框架下国际合作的那些方法。

在这方面，行政部门应特别注意洪都拉斯海洋环境的保护，这是洪都拉斯共和国保护国际社会整体利益的贡献。

第十六条　授予行政部门管理权的规定

行政部门有权通过法令执行本法以下规定：

（1）确立洪都拉斯沿岸适当的直线基线。直线基线一旦确定，外交部得在特别不公开会议上通知国会；

（2）对毗连区的特殊管理，特别是刑罚；

（3）规定捕鱼的行政处罚；

（4）采取与科学研究和防止海洋环境污染有关的管理措施，以及违反行为的行政处罚。

第十七条　最后的废除规定

特此废除任何与本法规定抵触的任何洪都拉斯法律和规章（特别是1950年4月12日法令和1980年法令）。

第十八条

本法应于政府公报公布之日生效。

于1999年10月30日在中央特区特古西加尔巴（Tegucigalpa）的国民议会制定。

第 PCM-007-2000 号执行法令

（2000 年 3 月 21 日）

宪制共和国总统在部长会议上考虑到以下事项，特此颁布本法令：

至高无上的国民会议通过 1999 年 10 月 30 日第 172-99 号立法令颁布了《洪都拉斯海域法》，该法在 1999 年 12 月 23 日第 29054 号政府公报上公布，授权行政机关确定适当的直线基线；

为依据 1982 年 12 月 10 日的《联合国海洋法公约》和《洪都拉斯海域法》确定洪都拉斯海域的目的，有必要确定基线，特此授权共和国确定与邻国在加勒比海和太平洋的海洋边界；

行使《共和国宪法》第二百四十五条的第 1 款、第 2 款和第 11 款以及第二百五十二条，《普通公共行政法》第十一条、第十七条和第二十二条的第 9 款、第 10 款、第 116 款、第 117 款，以及《洪都拉斯海域法》第十六条第 1 款授予总统的权力。

第一条

在加勒比海和太平洋用于划定领海、毗连区、专属经济区和大陆架的界限的直线基线，应以如下方式确定：

《洪都拉斯海域法》第三条提及的划定海域界限的直线基线如下所述：

A. 在加勒比海的大西洋沿岸：从莫塔瓜河（Motagua River）的河口右岸，位于洪都拉斯和危地马拉陆地边界线上名为 233 站的最后界碑，即以奥科特佩克基准（Ocotepeque Datum）中提及的以北纬 15°43′28.80″和西经 88°13′24.59″为坐标的点 1，到位于卡瓦约斯角（Punta Caballos）北部，以北纬 15°51′50″和西经 87°57′00″为坐标的点 2；

从位于乌卢阿河（Ulúa River）的西河口，以北纬 15°55′25″和西经 87°43′25″为坐标的点 3，到位于萨尔角（Punta Sal）北部，以北纬 15°55′50″和西经 87°35′55″为坐标的点 4；

从点 4 到位于乌蒂拉岛（Utila Island）较西部荒废灯塔处，以北纬 16°05′23″和西经 86°59′22″为坐标的点 5；

从乌蒂拉岛上位于布莱基什角（Blackish Point），以北纬 16°07′18″和西经 86°56′05″为坐标的点 6，到罗阿坦岛（Roatán Island）西部，以北纬

16°18′19″ 和西经 86°35′45″ 为坐标、名为半月（half moon）的点 7；

从罗阿坦岛东部，以北纬 16°25′48″ 和西经 86°11′52″ 为坐标、名为红崖（Red Cliff）的点 8，到莫拉特岛（Morat Island）上以北纬 16°26′07″ 和西经 86°11′14″ 为坐标的点 9；

从点 9 到位于芭巴拉塔岛（Barbareta Island），以北纬 16°26′48″ 和西经 86°08′40″ 为坐标、名为象鼻海龟海滩（Trunk Turtle Beach）的点 10；

从点 10 到位于瓜纳哈岛（Guanaja Island），以北纬 16°30′51″ 和西经 85°51′48″ 为坐标、名为黑角（Black Point）的点 11；

从位于瓜纳哈岛，以北纬 16°29′53″ 和西经 85°48′55″ 为坐标、名为黑岩角（Black Rock Point）的点 12，到位于卡马龙角（Cape Camarón），与三角网台（Triangulation Station）重合且以北纬 15°59′09″ 和西经 85°01′32″ 为坐标、名为卡马龙（Camarón）的点 13；

从点 13 到位于帕图卡河（Patuca River）的河口以西的帕图卡角（Punta Patuca）上，以北纬 15°48′58″ 和西经 84°18′20″ 为坐标的点 14；

从点 14 到位于克鲁塔河（Cruta River）的河口左岸，以北纬 15°15′15″ 和西经 83°23′28″ 为坐标的点 15；

从位于左岸的点 15 到位于克鲁塔河河口右岸，以北纬 15°14′59″ 和西经 83°23′07″ 为坐标的点 16；

从位于克鲁塔河河口右岸的点 16 到位于洪都拉斯与尼加拉瓜在科科旺克斯河（Coco Wanks River）的河口或在格拉西亚斯 - 阿迪奥斯角（Cape Gracias a Dios）的塞哥维亚（Segovia）的边界线的末端上，以北纬 14°59.8′ 和西经 83°08.9′ 为坐标的点 17。

B. 在太平洋，直线基线是丰塞卡湾的 3 个沿海国共有的基线中属于洪都拉斯的相应部分。该共有基线是根据 1992 年 9 月 11 日国际法院作出的解决洪都拉斯共和国和萨尔瓦多共和国陆地、岛屿和海洋边界争端的判决，在萨尔瓦多的阿玛帕拉角（Punta Amapala）和尼加拉瓜的科西圭纳角（Punta Cosiguina）之间，横跨丰塞卡湾划出的线的组成部分。

领海和洪都拉斯的其他海域应从属于洪都拉斯的相应的直线基线量起。

第二条

根据当下国际法规则，上述各条线标示在比例尺为 1∶1 000 000 的洪都拉斯普通地图上。

第三条

在未考虑适用直线基线的大陆海岸，基线应与低潮线重合。

第四条

对于在加勒比海处于洪都拉斯主权之下的岛屿，如锡斯尼岛（Cisne Island）、戈尔达岛（Cayo Gorda）和苏尔岛（Cayo Sur），相应的国家海域应以海岸低潮线作为基线并由此测量。

第五条

除 223 站之外，所有直线基线的端点坐标都在 1927 年北美大地基准中列出。

第六条

根据《洪都拉斯海域法》第十六条第 1 款，外交部国家秘书处受托将本法内容通知至高无上的国民会议。

第七条

根据《联合国海洋法公约》第十六条第 2 款，洪都拉斯应向联合国秘书长交存标明本法确定的基线的地图和地理坐标表副本。

第八条

本法将于政府公报公布之日生效。

于 2000 年 3 月 21 日，在中心区自治市特古西加尔巴的总统办公室制定。

以上内容应传播并公布。

洪都拉斯的直线基线

点编号	基 准	名 称	北 纬	西 经	备 注
1	*	莫塔瓜河河口	15°43′28.80″	88°13′24.59″	
2	* *	卡瓦约斯角	15°51′50″	87°57′00″	
3	* *	乌卢阿河河口	15°55′25″	87°43′25″	
4	* *	萨尔角	15°55′50″	87°35′55″	

续 表

点编号	基准	名 称	北 纬	西 经	备 注
5	* *	乌蒂拉岛上的灯塔	16°05′23″	86°59′22″	
6	* *	布莱基什角	16°07′18″	86°56′05″	乌蒂拉岛
7	* *	半 月	16°18′19″	86°35′45″	罗阿坦岛
8	* *	红 崖	16°25′48″	86°11′52″	罗阿坦岛
9	* *	莫拉特	16°26′07″	86°11′14″	莫拉特岛
10	* *	象鼻海龟海滩	16°26′48″	86°08′40″	芭巴拉塔岛
11	* *	黑 角	16°30′51″	85°51′48″	瓜纳哈岛
12	* *	黑岩角	16°29′53″	85°48′55″	瓜纳哈岛
13	* *	卡马龙	15°59′09″	85°01′32″	
14	* *	帕图卡角	15°48′58″	84°18′20″	
15	* *	克鲁塔河河口左岸	15°15′15″	83°23′28″	
16	* *	克鲁塔河河口右岸	15°14′59″	83°23′07″	
17	* *	科科旺克斯河河口	14°59.8′	83°08.9′	科科旺克斯河深水线

* 奥科特佩克大地基准。

* *1927 年北美大地基准。

第 PCM-017-2000 号执行法令（1）

（2000 年 8 月 28 日）

共和国总统在部长会议上考虑到以下事项，特此颁布本法令：

历史上，在与邻国的划界中，洪都拉斯一贯遵守国际法的标准，谨慎尊重和遵守条约、仲裁裁决和法律决定，拒绝任何法律之外的力量所支持的程序。因此，洪都拉斯拒绝并将继续拒绝接受任何单方面的强制程序，并依据《联合国海洋法公约》第七条颁布的 2000 年 3 月 21 日第 PCM-007-2000 号执行法令，确定了共和国在加勒比海和太平洋的直线基线，作为一项内在规则标示划定其海域界限的基线；

《联合国海洋法公约》于 1994 年 11 月 16 日生效，现在是可以适用于这一事项的基本规则。洪都拉斯及其加勒比海的 6 个邻国均为《联合国海洋法公约》的缔约方；

《洪都拉斯海域法》第十二条第 1 款和第 2 款的相关部分明确规定，洪都拉斯与其邻国的海域应通过它们之间以国际法为基础的协定划定界限，并且此类协定必须达到公平解决的结果。因此，洪都拉斯法律确定的直线基线只是在与邻国的任何谈判中被考虑的一个因素；

即使有以上规定，确定共和国直线基线的上述行政法令已造成部分邻国政府对所述基线含义和范围的担忧和误解；

行使依据《共和国宪法》第二百四十五条的第 1 款、第 2 款和第 11 款以及第二百五十二条，《普通公共行政法》第十一条、第十七条和第二十二条的第 9 款、第 10 款、第 116 款、第 117 款，以及《洪都拉斯海域法》第十六条第 1 款授予总统的权力。

第一条

洪都拉斯共和国不得依据第 PCM-007-2000 号法令，提出任何单方面的海洋权利主张，或对国际海上航行作出任何限制，并且前述法令应依据国际法解释。

第二条

对于全中美洲而言，《洪都拉斯海域法》是框架性法律，是灵活的，并且是为确保地区海上合作和睦邻关系的目的公布的。第十三条规定："对于洪都拉斯和邻国在环境和生态保护、某些种群或资源的可持续生产，或以科学研究、旅游或经济发展为目的的共享用途方面有共同利益的海域，本法规定可以通过国家间缔结的涉及加强环境保护或更合理利用环境的条约作出修改。"

第三条

洪都拉斯共和国和《联合国海洋法公约》的其他缔约国（从公约的序言中）受到"本着相互理解和合作的精神解决所有与海洋法律有关的问题"

的启发，并意识到公约作为维持全世界人民和平、公正和进步的重要贡献的历史意义。

第四条

若洪都拉斯海域的外部或外侧边界需要依据《洪都拉斯海域法》第十二条与邻国划定，则该边界应依据以《国际法院规约》第三十八条详述的国际法为基础缔结的协定，以达到公平解决的目的进行划定。

第五条

《洪都拉斯海域法》第三条第 3 款以及第 PCM–007–2000 号法令第一条 B 款提及的丰塞卡湾中的直线基线，应按所附地图的标示划出。

第六条

鉴于为实现和平、地区统一、相互理解和合作以达到中美洲人民全面发展的伟大目标，并在国际法的框架下，为中美洲统一的利益和对国际法正当支持的合法关切的考虑，第 PCM–007–2000 号法令的适用特此作为例外，推迟为磋商该事项所需的一段合理期间。这一临时和例外的推迟不适用于与已由国际法院裁决且洪都拉斯作为当事方的海域有关的法律情势，或已提交国际法院且洪都拉斯作为当事方的海洋争端。

第七条

本法令应立即执行，并在政府公报上公布。

于 2000 年 8 月 28 日，在中央特区的特古西加尔巴总统府颁布。

牙买加
Jamaica

（英文文本截止于 2010 年 12 月 14 日）

名为《1991 年专属经济区法》的第 33 号法案
（1991 年）

条 款 安 排

法 律 名 称

本法规定在领海外的专属经济区，并规定附属的或与此有关的事项。

由最尊敬的女王陛下，在咨询参议院和众议院并获其同意后，经参议院和众议院授权，颁布如下：

第一条　简称

本法可称为《1991 年专属经济区法》。

第二条　解释

在本法中：

"公约"指 1982 年 12 月 15 日在蒙特哥湾签署的《联合国海洋法公约》。

"鱼"指任何水生动物，不论其是否是鱼类，包括甲壳类动物、海龟、软体动物、龙虾、珊瑚、海绵、棘皮动物以及它们的幼体和卵。

"生物资源"包括鱼和所有其他形式的水生生命。

"海洋官员"指关税和消费税部门雇佣的任何官员、《野生动物保护法》认可的任何狩猎监督官、牙买加警察部门的任何成员或官员、牙买加国防部门的任何成员或官员、依据《渔业法》被指定为渔业检查员的任何公共官员，以及部长指定为海洋官员的任何其他公共官员。

"附件法规"指：

（a）附表中规定的法规；

（b）依据上述法规制定的规章，包括管理被要求有许可证授权，且在当时与事件情况有关的活动的规定。

"船舶"包括任何小艇、驳船、浮式平台、甲板船、航空母舰、装有内侧或外侧引擎的船舶或任何海上航行船舶，不论是水上还是水下船只。

"区域"指依据第三条建立的专属经济区。

第三条　区域的建立

（1）建立领海之外且邻接领海的专属经济区。

（2）该区域以领海向海一侧的界限为内部界限，并在第（3）款的限制下，以一条其上各点与测量领海宽度的基线距离 200 海里的边界线为外部界限。

（3）若第（2）款提及的外部界限与任何与牙买加海岸相向或相邻的其他国家专属经济区的外部界限相交，为达到公平解决，牙买加与该国专属经济区之间的划界应通过以《国际法院规约》第三十八条提及的国际法为基础的协定确定。

第四条　在区域内的权利和对区域的管辖权

国王在区域内有：

（1）与以下事项有关的主权权利：

（a）勘探、开发、养护和管理区域海床的上覆水域以及海床和底土的生物或非生物自然资源；

（b）为经济性勘探和开发区域的所有其他活动，包括利用海水、海流和风力生产能。

（2）与授权建造、操作、维护和使用人工岛屿和设施有关的专属权利和管辖权。

（3）与以下事项有关的管辖权：

（a）授权、管理和控制科学研究和考古学上的或历史文物的发现；

（b）海洋环境保全和保护以及海洋污染的预防和控制。

（4）经公约或国际法承认的所有其他权利和管辖权。

第五条　他国在区域内的权利和义务

在本法的限制下，所有国家在区域内享有公约规定的关于航行与飞越的自由、敷设海底电缆和管道的自由以及与这些自由有关的海洋其他国际合法用途的国家权利和义务。

第六条　勘探并开发区域生物资源

1. 任何人不得在区域内勘探或开发任何生物资源，除非在第十一条的限制下，有根据相关附属法规授予的许可证。

2. 任何人不得使用任何船舶勘探或开发区域的任何生物资源，除非在第十一条的限制下，船舶有依据相关附属法规授予的许可证。

3. 凡违反第 1 款或第 2 款即以犯罪论处，并应：

（1）经常驻治安法庭的简易程序判处不超过 5 万美元的罚款；

（2）经巡回法院的公诉程序判处不超过 25 万美元的罚款，并在再犯或累犯的情况下，判处不超过 50 万美元的罚款，并且上述法院在此之外亦得命令没收用于犯罪的任何船舶、设备或其他设施。

第七条　勘探并开发区域非生物资源

1. 任何人不得在区域内进行以下活动，除非在第十一条的限制下，有根据相关附属法规授予的许可证：

（1）勘探或开发任何非生物资源；

（2）进行任何搜索、发掘或与发现考古学上的或历史文物有关的任何活动；

（3）进行任何研究；

（4）从事任何经济活动。

2. 任何人不得使用任何船舶对区域的任何非生物资源进行勘探或开发，除非在第十一条的限制下，该船舶有依据相关附属规定的法规授予的许可证。

3. 凡违反第 1 款即以犯罪论处，并应经巡回法院公诉程序判决：

（1）对个人：

（a）处以不超过 25 万美元的罚款或不超过 5 年的监禁，或两者并处；

（b）若是再犯或累犯，处以不超过 50 万美元的罚款或不超过 10 年的监禁，或两者并处，并且若是持续犯，在犯罪持续至判决后的每天，进一步处以一天 5 万美元的罚款。

（2）对组织：

（a）处以不超过 50 万美元的罚款；

（b）若是再犯或累犯，处以不超过 100 万美元的罚款，若是持续犯，在犯罪持续至判决后的每天，进一步处以一天 5 万美元的罚款，并且法院在此之外亦得命令没收用于犯罪的任何船舶、设备或其他设施。

4. 凡违反第 2 款即以犯罪论处，并应：

（1）经常驻地方法院简易程序判决：

（a）对个人处以不超过 5 万美元的罚款或不超过 3 年的监禁，或两者并处；

（b）对组织机构处以不超过 7.5 万美元的罚款，并且上述法院在此之外亦得命令没收船舶。

（2）经巡回法院公诉审判程序：

（a）对个人处以不超过 25 万美元的罚款或不超过 5 年的监禁，或两者并处，并且亦得命令没收船舶；

（b）对组织机构处以不超过 50 万美元的罚款，并且亦得命令没收船舶。

第八条　勘探或开发区域非生物资源的许可证的授予

1. 在第十一条的限制下，勘探或开发区域非生物资源的许可证应根据相关附属法规中有关许可证授予的规定发出，并且为此目的，任何个人或组织在附属法规下享有的管辖权应同样及于区域，如同：

（1）区域构成牙买加领海的组成部分；

（2）任何提及"牙买加""该岛"或"牙买加任何地方"之处均包括区域内建造的任何人工岛屿、设施或结构（但为区域划界目的的除外）。

2. 即使附属法规有规定，本法规定的对无证勘探或开发区域任何生物或非生物资源的惩罚措施替代那些法规中任何相应的惩罚措施。

3. 即使附属法规有规定，依据本法制定的规章规定的为申请勘探或开发区域任何生物或非生物资源的许可证所需费用替代那些法规中任何相应费用。

第九条　区域的法律适用

1. 部长可以通过在政府公报上发布命令，对任何法令作出例外规定和修改，并扩大适用于专属经济区或其任何部分。被扩大适用的法令对专属经济区有效，等同于其由本法实施。

2. 依据第 1 款发布的命令若被否决则不得适用。

第十条　法院和其他机关的管辖权及于专属经济区

为执行本法的目的，牙买加法院及其官员以及任何警察或经授权履行警察职责的其他人的管辖权和权力应同样及于专属经济区，如同专属经济区构成牙买加领海的组成部分。

第十一条　部长可以命令颁发或吊销许可证

1. 部长若认为合适，可以通过在政府公报上公布命令，规定适用于专属经济区或在该区域内适用的任何许可证：

（1）未经其同意不得颁发；并且

（2）只有在命令规定的情形和条件下才可以颁发或吊销。

2. 依据第 1 款发布的命令应委派一个咨询委员会就涉及区域的许可证问题向部长提出建议。

第十二条　受到没收令不利影响的人可以诉请法院撤销命令

1. 若依据第六条第 3 款或第七条第 3 款或第 4 款，法院命令没收船舶，而有人受到该命令的不利影响，此人可以诉请法院撤销该命令。如果法院确信其诉请正当，可在此前提和条件下，只要法院认为适当即可撤销该命令。

2. 依据第 1 款的申请应在命令作出的 3 个月之内提出，但若申请人向法院证实，在案件的特殊情况下，要其在 3 个月期限内提出该项申请是不合理、不可行的，则申请期限（不论是否已届满）可延长至法院认为合理的时间。

第十三条　海洋官员的权力和职责

1. 在区域内，海洋官员有权：

（1）登临其有合理理由怀疑从事了勘探或开发生物或非生物资源的任何船舶，并搜查该船舶、渔获、渔具或船上任何其他设备；

（2）要求船长和该船舶负责人出示其许可证；

（3）要求船长和该船舶负责人出示船舶的许可证；

（4）要求船长和该船舶负责人对船舶或船上任何人的行为作出解释；

（5）执行本法或依据本法制定的规章所要求或授权的行动。

2. 在区域内，不论是否有授权，海洋官员可以：

（1）扣押任何人用于实施违反本法的犯罪行为的任何船舶、渔网、工具、渔具或其他设备。

（2）若其合理怀疑发生的违反本法的犯罪行为涉及的任何船舶：

（a）扣押船上的任何货物；

（b）拘留船长或船舶负责人。

3. 若依据第 2 款扣押了船舶、渔网、工具、渔具或其他设备，或拘留了某人，海洋官员应尽快采取合理措施，确保将该船舶、渔网、工具、渔具或其他设备带至最近的方便的港口，且将被拘留的人送交常驻治安法官，以便对与引起扣押或拘留的犯罪行为有关的指控作出答辩。

4. 海洋官员应采取合理步骤，确保任何被扣押的货物保持良好状态，但如果认为必要，可处置该货物以避免其腐坏。

5. 若海洋官员扣押的货物在扣押时已腐坏，海洋官员应尽快处置腐坏的货物。

6. 海洋官员若依据第 4 款或第 5 款处置货物，应向船长或船舶负责人提供收据，收据应载明处理的日期、被处理货物的数量、状态以及销售额。

7. 在履行作为海洋官员的职责时，海洋官员应具有、行使和享有《警察法》授予警察的所有权力、权威、特权和豁免。

第十四条 在区域内拘留或扣押的后续程序

1. 若依据第十三条第 2 款，船舶被扣押或某人被拘留，则：

（1）对于不在牙买加登记的船舶或非牙买加公民的人员，常驻治安法官应待指控听证确定了为释放船舶或人员所应缴纳的保证金数额（以债券或其他方式），且在此保证金缴纳后立即释放船舶或人员；

（2）对于在牙买加登记的船舶或牙买加公民，法院应待指控听证确定了是否释放船舶或人员，且如果决定释放，确定为释放应缴纳的保证金数额。

2. 若依据第十三条第 2 款，船舶、渔网、工具、渔具或其他设备，或任何货物被扣押，则：

（1）在扣押 30 天内无人对被扣押物主张权利，常驻治安法官可命令没收被扣押物；并且

（2）依据对准许使用或负责任何上述物品的任何人的定罪判决，法院可根据起诉申请命令没收任何上述物品，如果法院确信：

（a）该物品被用于实施犯罪行为或与犯罪行为有关；以及

（b）对于案件情况，命令没收是正当的。

3. 若依据第十三条第 3 款，某人被送交常驻治安法官进行答辩且被宣判无罪：

（1）与指称的犯罪行为有关且依据本条第 2 款未被没收的任何被扣押物应返还此人；

（2）如果该人所有的任何货物在其被拘留期间已被依据第十三条第 4 款处理，常驻治安法官可命令给予该人其认为适当的赔偿。

第十五条　外交或领事官员获悉船舶扣押

1. 若未在牙买加登记的任何船舶在区域内被海洋官员扣押，该海洋官员应将扣押船舶的事实通知适当机关；并且，该机关应确保船舶登记国的外交或领事官员获悉扣押的事实，如果对该船舶及其船员施加惩罚措施，还应通知此项事实。

2. 在第 1 款中的"适当机关"指负责外交事务的部长或其指定的其他人。

第十六条　关于销售收益和赔偿的规定

依据第十三条第 4 款或第 5 款处理任何货物的销售收益应交付法院存入国库，并且如果依据第十四条第 3 款（1）项，与此有关的赔偿是可支付的，应由总会计完成支付。

第十七条　对国王、海洋官员或其协助人员提起的程序

对国王、海洋官员或其协助人员依据、执行或意图执行本法或规章的任何行为提起的任何诉讼或其他法律程序中，原告不得主张赔偿，除非其在诉讼请求中宣称并在审判中证明，该行为是恶意的或缺乏合理或适当的理由。

第十八条　区域内的犯罪

1. 任何人凡有下列行为之一的，即以犯罪论处，并应经常驻地方法官以简易程序判处不超过 2 000 美元的罚款或不超过 12 个月的监禁，或两者并处：

（1）拒绝、无视或不遵守海洋官员为本法目的对其发出的任何指令；

（2）在第 2 款的限制下，拒绝出示或未出示海洋官员要求其出示的任何许可证；

（3）没有合理理由拒绝海洋官员要求其为本法目的作出的任何解释；

（4）攻击或妨碍执行公务的任何海洋官员；

（5）没有海洋官员的授权而移动、改变或弄坏根据第十三条扣押的任何物品。

2. 若依据第 1 款（2）项，某人未能向海洋官员出示其要求的许可证，但以其他方式向海洋官员证实了其姓名、地址和身份，海洋官员如认为此人可信，可允许此人于此后 5 天内在指定地点亲自出示该许可证；并且，如果依此出示了许可证，此人不应被判有该款下的犯罪。

第十九条　其他可起诉的犯罪

1. 某一行为：

（1）在区域内由某人所为，不论此人是否为牙买加公民；

（2）符合这样的描述：如果发生在牙买加土地上，经公诉审判程序判决是可惩罚的，即为在牙买加经公诉审判程序判决为可惩罚的犯罪，不论其是在国籍或登记地为非牙买加的船舶上实施的还是利用该船舶实施的，并且可逮捕被合理怀疑犯有此罪的人，并对此人提起与该犯罪有关的控诉，并审判或以其他方式处理此人。

2. 为本条的目的，《危险药品法》规定的所有犯罪，不论其是否是已决犯罪，都应视为经公诉审判程序判决为可惩罚的犯罪。

3. 为逮捕被指控犯有依第 1 款宣称为在牙买加可惩罚的犯罪的任何人的目的，区域应被认为处于依当时有效的牙买加法律有权逮捕违法人员或对被指控犯有任何罪行的任何人发出逮捕令的任何人的管辖权下。

4. 本条规定不得：

（1）限制或妨碍女王陛下的牙买加政府，或为了或代表女王陛下的牙买加政府，或以其名义或为其服务，行使符合国际法的所有权力或权威；

（2）废除或限制当时有效的任何牙买加法律的任何规定授予任何法院的任何刑事管辖权；

（3）依据当时有效的任何牙买加法律，使任何走私行为免于审判或以其他类似方式被处理。

5. 未经公诉检察长的同意，对依据第 1 款可惩罚的犯罪提起公诉。但本款不妨碍对与此类罪行有关的任何人执行逮捕或发布逮捕令，或对被指称犯有此类罪行的任何人执行羁押候审或取保候审。

6. 即使任何其他法规有任何相反规定，因依据第 1 款宣称为在牙买加可惩罚的犯罪，常驻地方法官可对当时处于其有管辖权的地方行政区的任何人启动法律程序，并且为了所有当时和以后的目的，犯罪应被认为发生在该行政区界限内。

第二十条　部长可以修改附件

1. 部长可不定期通过在政府公报上发布的命令修改附件。

2. 第 1 款规定的命令若被否决则不得适用。

第二十一条　规章

部长可为实施本法规定制定规章，并且在不妨害前述规定一般意义的情况下，特别为以下内容制定规章：

（1）为官方承认的标明区域基线或边界线的海图，以及对该海图以规定方式获得证明的副本作为证据的承认；

（2）以上述海图或其他方式确定区域界限；

（3）管理人工岛屿、设施和结构的建造、维护和移除；

（4）在人工岛屿、设施和结构周围设立安全区；

（5）管理人工岛屿、设施和结构上的海关、财政、卫生、安全和移民事务；

（6）规定将逮捕或扣押任何外国船舶以及对之处以刑罚的事实通知利益相关方所应采取的步骤；

（7）为规章任何规定的目的确定船舶国籍；

（8）管理与区域经济性勘探或开发有关的任何活动；

（9）管理区域内科学研究的授权、控制和监督，以及考古物和历史物的发掘；

（10）海洋环境的保全和保护以及海洋污染的预防和控制；

（11）确定在区域内实行共同投资或其他合作安排的内容和条件；

（12）规定人员培训和技术转让的要求；

（13）确定区域内生物资源的可捕量；

（14）确保维护和最大化利用区域生物和非生物资源所需采取的适当养护和管理措施；

（15）确定和计算船舶运载、存储和维护所需费用；

（16）管理被扣押或没收的任何货物的销售和处置；

（17）规定申请许可证需付的费用；

（18）规定本法授权规定的任何事项。

第二十二条　法律的修正

附表中规定的法律分别按照附录中的内容进行修正。

附　　表

序　号	法规名称
1	《海滩控制法》
2	《海关法》
3	《危险药品法》
4	《渔业法》
5	《牙买加国家遗产信托法》
6	《港口法》
7	《海事局法》
8	《矿产（特别保护）法》
9	《采矿法》
10	《石油法》
11	《公共健康法》
12	《检疫法》
13	《野生动物保护法》
14	《沉船打捞法》

附　　录

法　　规	修　　正
《海滩控制法》	
第七条第 1 款	删除（2）项（b）目的"或《引航法》"，代之以"《引航法》或《专属经济区法》"。
第九条	a. 删除第 2 款中的"该"，代之以"在第 2A 款的限制下，该"。 b. 紧接第 2 款插入第 2A 款： "2A. 任何涉及专属经济区的许可证应受《专属经济区法》规定或任何依据本法第十一条发布的命令的限制。"
《渔业法》	
紧接"一般规定"的标题插入第二十三 A 条： "第二十三 A 条　依据第五条或第十一条授予的与专属经济区有关的任何许可证，应受《专属经济区法》规定或任何依据本法第十一条发布的命令的限制。"	
《牙买加国家遗产信托法》	
第二条	a. 在第 1 款： （1）删除编号"1"。 （2）在（1）项"国际纪念碑"的定义中，删除从"在依据"到"区域中"，代之以"在专属经济区内"。 b. 删除第 2 款和第 3 款。
第十二条第 6 款	删除从"在依据"到"区域中"，代之以"在专属经济区内"。

续　表

法　规	修　正
《采矿法》	
第十八条	a. 在第 1 款中删除 "该"，代之以 "在第 1A 款的限制下，该"。 b. 紧接第 1 款插入第 1A 款： "1A. 依据第 1 款授予的关于在专属经济区内采矿的许可证，应受《专属经济区法》规定或任何依据本法第十一条发布的命令的限制。" c. 删除第 5 款，代之以如下内容： "5. 探矿权证应当出示： （1）在持有人采矿所在土地的所有人或占有人要求，或警察要求的任何时候；或者 （2）若持有人在专属经济区采矿，在《专属经济区法》规定的警监或海洋官员要求的任何时候。"
第二十一条第 3 款	删除 "超过 8 平方英里"，代之以 "土地超过 8 万平方英里或有关专属经济区的任何部分超过 2.4 万平方英里"。
第三十三条第 3 款	在 "占有人" 后插入 "或就专属经济区的该部分向警监"。
第三十五条	重新将本条编号为第 1 款，并紧接其后插入第 2 款： "2. 在本法的限制下，矿产租赁人在专属经济区且在其租期内，有权建造任何人工岛屿、设施或结构，并有权操作、维护和使用该人工岛屿、设施或结构。"
第七十条	a. 删除本条结尾的句号，代之以分号。 b. 紧接（2）项插入（3）项： "（3）若矿产租赁人在专属经济区内采矿，为备案该租赁事项的外交部常任秘书。"
《石油法》	
第三条	a. 从第 1 款中删除： （1）编号 "1"。 （2）从 "其他" 一词到 "任何其他区域" 一词，代之以 "专属经济区"。 b. 删除第 2 款和第 3 款。

法　　规	修　　正
第四条	a. 删除"任何人不得",代之以"在第 2 款的限制下,任何人不得"。 b. 将本条重新编号为第 1 款。 c. 紧接第 1 款插入第 2 款: "2. 专属经济区内石油资源的任何勘探或开发,或任何权利、权益、利益或产权的获取,都应受《专属经济区法》规定或任何依据该法第十一条发布的命令的限制。"
第二十八条	删除(2)项,代之以如下内容: "(2)专属经济区;"。
《公共健康法》	
第七条第 1 款	a. 将(19)项改为(20)项。 b. 紧接(18)项插入(19)项: "(19)专属经济区内人工岛屿、设施和结构的卫生和卫生设施检查。"
《检疫法》	
第八条第 2 款	a. 删除该款结尾处的句号,代之以分号。 b. 在(e)项后插入(f)项: "(f)专属经济区内人工岛屿、设施和结构的卫生。"
《野生动物保护法》	
第八 A 条	在第八条之后插入第八 A 条: "第八 A 条　凡无依本法颁发的许可证而从专属经济区中捕获任何动物或鸟类或取走任何卵,即以违反本法的犯罪论处。"
《沉船打捞法》	
第二条	删除本条。
第三条	a. 删除"专员"和"个人"的定义。 b. 紧接"船舶"的定义插入以下定义:"'本岛屿的水域'指牙买加的内水、领海和专属经济区。" c. 删除"沉船"定义中"任何潮水"一词,代之以"本岛屿的水域"。

续　表

法　规	修　正
第五条	a. 删除"在本岛或任何属地的珊瑚礁或岛屿的海岸或海岸附近的任何地方",代之以"在本岛屿水域的任何部分"。 b. 删除"在该地所处区域",代之以"离该地最近之处"。 c. 删除"立即赶往此地",代之以"立即赶往此部分"。
第十二条	a. 删除"在本岛沿岸或领土范围内任何岛屿和珊瑚礁沿岸",代之以"在本岛的水域范围之内"。 b. 删除《海事局法》,代之以《海事局法案》。
第十四条	删除"或前述任何岛屿和珊瑚礁"。
第十五条	删除本条,代之以如下内容: "第十五条 第十四条适用于在本岛屿界限以外被发现或占有,并在本岛屿界限以内被打捞的沉船,亦适用于在本岛屿界限以内被发现或占有的沉船。"
第十七条	删除第一次出现的"地点",代之以"本岛水域的部分"。
第二十条	a. 删除"或任何属地的"。 b. 删除本条中所有的"或专员"。
第二十一条	a. 删除"本岛国库",代之以"国库"。 b. 删除"或收取该费用的属地国库,该费用应保留单独账户"。 c. 删除"或专员"。
第二十二条	a. 删除"或作为属地的任何岛屿和珊瑚礁的"。 b. 删除"或任何前述岛屿和珊瑚礁"。
第二十三条	删除"本岛或该前述属地的国库",代之以"国库"。

法　规	修　正
第二十四条	删除"和领土"。
第二十六条	a. 删除"或属地的"。 b. 删除本条所有出现的"在发现沉船的地方或在该地附近的",并在每处代之以"在最靠近岛屿水域中发现沉船处的地方"。 c. 删除所有出现的"高级法院",并在每处代之以"最高法院"。
第三十二条	a. 删除"任何前述岛屿和珊瑚礁"。 b. 删除"高级法院",代之以"最高法院"。
第三十四条第2款	删除"高级法院",代之以"最高法院"。
第三十八条	a. 删除"在任何地方",代之以"在牙买加水域的任何部分"。 b. 删除本条所有出现的"或专员"。 c. 删除"本岛或发现该沉船的属地的国库",代之以"国库"。
第三十九条	a. 删除"沿岸或靠近沿岸",代之以"水域的任何部分"。 b. 删除"或作为属地的任何岛屿和珊瑚礁的海岸或其附近"。 c. 删除"或领土任何部分的"。
第四十一条	a. 删除"或领土范围"。 b. 删除"本岛税务长",代之以"关税和消费税专员"。
第四十二条	a. 删除"本岛税务长",代之以"关税和消费税专员"。 b. 删除"该税务长将",代之以"该专员将"。
第四十三条第1款	删除"在本岛或前述任何岛屿和珊瑚礁的海岸或其附近",代之以"在本岛水域的任何部分"。
第四十四条	删除"在本岛或任何属地范围内的海岸或其附近",代之以"在本岛水域的任何部分"。

关于目标和理由的备忘录

专属经济区的概念是由随着采集离岸矿物资源的技术的快速进步所产生的一些国家主张演变而来的。在已存的 12 海里领海之外，该区域试图包括一个从领海向海一侧界限量起宽 188 海里的额外水域。

作为讨论海洋法的会议参与者，牙买加已接受在该区域需要保护海洋环境的规定。

牙买加已接受《联合国海洋法公约》。在保护其海洋资源方面，它现在正试图立法，以便施行和遵守《联合国海洋法公约》中关于专属经济区的规定。

因此，本法案旨在：

（1）设立专属经济区；

（2）规定勘探和开发区域资源的方式；

（3）规定对违反法律的惩罚措施；

（4）准许制定与区域内活动有关的规章；

（5）对其他法律进行后续的修正。

David Coore，
外交事务和对外贸易部长

一 项 法 案
命　　名

在领海之外设立专属经济区，并规定附属或有关事项的一项法律。

建议修正的《海滩控制法》第七条和第九条

第七条

1. 即使有不同于本法的规定，部长在当局的建议下，可以发布命令宣称：

（1）……

（2）在命令确定的区域内，为命令禁止的行为包括以下任何或全部行为：

（a）……

（b）为从事《港口法》《海事局法》《沉船打捞法》或《引航法》规定的合法行为之外的目的，使用非风力或桨驱动的船舶。

…………

第九条

1.……

2. 该部长如认为适当，可以以其认为适当的方式，并在其认为适当的条件限制下，授予任何申请人竖立、建造或维护任何码头、停泊处、水上平台、突堤式码头或前述任何结构、设备或装置的许可证。

建议修正的《牙买加国家遗产信托法》第二条和第十二条

第二条

1.除上下文另有规定外，在本法中：

…………

"国家纪念碑"指：

（a）任何建筑物、结构、物体或其他人为或自然设施，或它们的任何部分或遗址，不论其在地面上或是在岛屿领海的海底，或在依据第 2 款发布的命令中宣称的属于岛屿海洋资源管辖权范围内的区域中。

…………

2. 在牙买加作为缔约方的任何相关国际公约的限制下，部长可通过命令宣布，为本法目的，命令所定义的非牙买加领海或大陆架一部分的任何区域处于牙买加主权管辖权范围内。

3. 第 2 款规定不得解释为以任何方式限制以包括《联合国海洋法公约》在内的一般国际法为依据的牙买加主权权利。

第十二条

…………

6. 在本条、第十九条和第二十条中，"结构"包括任何建筑物、结构、物体或其他人为或自然设施，或它们的任何部分或遗址，不论其在地面上或是在岛屿领海的海底，或在依据第二条第 2 款发布的命令中宣称的属于岛屿海洋资源管辖权范围内的区域中，以及任何遗址、洞穴或坑穴。

建议修正的《采矿法》第十八条、第二十一条、第三十三条和第七十条

第十八条

1. 该专员可依其对以法定形式提交并支付了法定费用的申请的绝对裁量权，授予任何人法定采矿权；

如果一项采矿权不应授予：

…………

5. 在持有人采矿所在土地的所有人或占有人要求，或警察要求的任何时候，应出示采矿权证。

第二十一条

1. ……

3. 一个许可证许可的区域不应超过 8 平方英里。

…………

第三十三条

1. ……

3. 部长可要求矿产租赁的申请者证实，申请者拥有或掌握了足够的工作资金以确保适当开发以及能够在申请区内进行采矿作业，并且可向租赁所涉土地的所有人或占有人支付任何补偿。部长还可要求申请者对其提交采矿人或工程师制作的关于申请区的任何报告，以供其参考。在申请者不能证实的情况下，部长可拒绝申请，但申请者可随时提交新申请。

…………

第七十条

专员应向任何利益相关方送达在其办公室登记的每个采矿租赁合同和水权证的副本，以及转让、更新、建立或确定此类租赁合同或水权证的任何文件的副本，并向以下对象送达依据第五十九条发布的任何命令的副本：

（1）对依据《权利登记法》授予土地的情况，为应依该法规定登记此类租赁合同或水权证的权利登记人；

（2）对不依据《权利登记法》授予土地的情况，为应备案此类租赁合同或水权证的副保管人。

建议修正的《石油法》第三条、第四条和第二十八条

第三条

1. 特此赋予王国拥有自然蕴藏在牙买加地层，包括领海的海床和底土、大陆架，以及其他依本条被宣布处于牙买加海洋资源管辖权范围内的任何其他区域的所有石油的权利、权益、利益或不动产权。

2. 在牙买加作为缔约方的任何相关国际公约的限制下，部长可通过命令宣布，为本法的目的，命令确定的且非牙买加领海或大陆架部分区域的任何海洋区域处于牙买加管辖权范围内。

3. 依据本条发布任何命令均应由议会通过。

第四条

除依本法以及任何依本法制定的规章的规定，任何人不得：

（1）勘探或开发石油资源；

（2）获得对第三条赋予王国的任何石油的权利、权益、利益或不动产权。

第二十八条

牙买加法律及于：

（1）……

（2）当时依据第三条宣布处于牙买加海洋资源管辖权范围内的任何其他区域；

（3）在第（1）项和第（2）项提及的区域之内建造的所有人工岛屿和其他结构，以及为了勘探或开发石油资源、转移或转运任何石油或石油产品而停靠在那些地方的任何船舶，如同大陆架和那些区域、岛屿、结构或船舶（作为海洋的延伸部分）均位于牙买加；而且为了任何牙买加法院的管辖权，任何此种海洋的延伸部分应视为处于启动法律程序的行政区。

建议修正的《检疫法》第八条

第八条

1. ……

2. 在不妨碍第 1 款授予的权力的一般意义的情况下，为该款其中设定

的目的，该款下的规则可规定以下所有或任何事项，即：

（1）管理入港许可的授予或撤销；

…………

（5）确定依据第七条有效的规章施以的罚款，并规定其归属。

建议修正的《沉船打捞法》第二条和第三条

第二条

本法及于牙买加本岛、凯门岛（Cayman Island）以及属于本岛的其他珊瑚礁和岛屿，但是不适用于特克斯和凯科斯群岛（Turks and Caicos Islands）或与之无关。

第三条

在本法中：

"专员"指专员或管理任何牙买加属地的地方政府的其他官员。

…………

"个人"包括组织。

…………

"沉船"包括在海岸上或任何潮水中发现的漂流物、沉船残骸、系浮标的投弃货物和遗弃物。

建议修正的《沉船打捞法》第五条

第五条

若任何船舶或船只在本岛或任何属地的珊瑚礁或岛屿的海岸或海岸附近的任何地方搁浅或遇难，在该地所处区域的接管人应在知悉该事故后立即赶往此地。在到达该地后，他应指挥在场的所有人，给每人分派任务，并发布其认为适于保护该船舶或船只、船上人员的生命和船上的货物与舾装的指令，并得对故意违背该指令的任何人罚没不超过 50 磅的钱款。但是，该接管人干涉该船舶的船长与其雇员间有关管理的事项是不合法的，除非船长要求。

建议修正的《沉船打捞法》第十二条

第十二条

任何接管人或不出场的任何司法人员在方便的情况下，应尽快询问经宣誓（在此宣誓应分别进行）且属于可能或已经在本岛沿岸或领土范围内任何岛屿和珊瑚礁沿岸上遇难的任何船舶的任何人，或能够对任何船舶、货物或储物作出任何解释的任何其他人，其解释涉及以下事项，即：

（1）船舶的名称与描述；

…………

并且该接管人或司法人员应做询问笔录，并将该笔录复制两份，其中一份呈交部长，另一份送至最近的海关署长办公室，且后一份复件应由署长放置于明显可供人查阅的地方；并且为了查阅的目的，任何前述接管人或司法人员得对《海事局法》指定的检查员行使该法授予的所有权力。

建议修正的《沉船打捞法》第十四条和第十五条

第十四条

以下规则应为在本岛或前述任何岛屿和珊瑚礁范围内寻找或占有沉船的任何人所遵守，即：

…………

第十五条

前一条得适用于在本岛或该条所述的任何岛屿或珊瑚礁范围之外被发现或占有，并被带至本岛或该条所述的任何岛屿或珊瑚礁范围之内的沉船，亦得适用于在本岛或该条所述的任何岛屿或珊瑚礁范围之内被发现或占有的沉船。

建议修正的《沉船打捞法》第十七条

第十七条

在占有任何沉船后 48 小时之内，任何接管人应在离该沉船被发现或控制的地点最近的港口海关，敦促公示该沉船及对其特殊标志的描述。如果该沉船的价值超过 20 磅，还应将类似描述转呈部长，并将其复件置于可供人查阅的明显之处。

建议修正的《沉船打捞法》第二十条至第二十四条

第二十条

任何时候，若在本岛或任何属地的任何地方发生了关于应向任何接管人支付的款项或费用数额的任何纠纷，则该纠纷应由部长或专员裁决，且部长或专员的裁决应具有最终效力。

第二十一条

依据本法指定的任何接管人收取的有关其作为接管人履行任何职务的所有费用，应交本岛国库或收取该费用的属地国库，该费用应保留单独账户。收到的钱款应用于以部长或专员指定的方式支付为实现本法目的所发生的任何费用。

第二十二条

任何时候，任何船舶或船只在本岛或作为属地的任何岛屿和珊瑚礁的海岸搁浅或遇难，任何人应：

（1）协助该船舶或船只；

（2）救助该船舶或船只人员的生命；

（3）救助该船舶或船只的货物或舾装或其任何部分。

在任何时候，若本岛或任何前述岛屿和珊瑚礁的范围内的任何沉船由接管人以外的任何人救助，则该船舶或船只、货物、舾装或沉船的所有人应向提供这些服务或其中部分服务的人或救助沉船的人支付合理的打捞费，以及此人在提供这些服务或救助沉船的过程中适当发生的所有费用。该打捞费和费用（以下包含在"打捞费"中）的数额在发生纠纷的情况下依据下文提及的方式确定。

与属于任何前述船舶或船只的人员或任何人生命的保全有关的救助，应优先于对救助的任何其他权利主张，所产生的费用由该船舶或船只的所有人支付。如果该船舶或船只完全毁损，或其此后的价值在支付实际发生的费用后已经不足以支付救助任何生命的费用，部长可以指令从本岛或前述属地的国库中支出其认为适当的数额给救助者，以全部或部分满足未支付的有关生命救助的任何费用。

第二十四条

本法中有关从本岛和领土范围内的任何船舶或船只救助生命的所有规定，适用于从在本岛登记或与本岛进行贸易的任何船舶上，或属于该船舶的任何船只上救助生命，不论救助可能发生在何处，亦适用于在本岛全部或部分水域内已经发生服务的任何外国船舶的生命救助行为。

建议修正的《海难和救助法》第二十六条

第二十六条

在任何时候，在任何此类船舶或船只、货物、舾装以及沉船的所有人与救助人之间，或在该所有人的代理人与救助人之间，在本岛或属地的任何地方发生的救助的费用数额引起任何纠纷，且纠纷当事方不同意提交仲裁或以其他方式解决纠纷：

（1）如果主张的数额不超过 200 磅，或被救助的财产价值不超过 1 000磅，该纠纷应提交常驻治安法官裁决，或提交任何两名常驻司法人员裁决，这里的常驻司法人员：

（a）在沉船的情况下，为在发现沉船的地方或在该地附近的常驻司法人员；

（b）在对任何船舶或船只或属于该船舶或船只的任何人员、货物或舾装提供了服务的情况下，为在该船舶或小船停靠或所处之地或其附近的常驻司法人员，或在引起救助费权利主张的事故发生后该船舶或小船被带至的本岛第一个港口或其附近的常驻司法人员。

（2）但如果主张的数额超过 200 磅，在各当事方同意的情况下，该纠纷可提交该常驻治安法官或前述司法人员裁决，若各当事方不同意，则应由高级法院裁决。在本规定的限制下，如果该纠纷中的权利主张者在该高级法院没有取得超过 200 磅的更大数额的补偿，他们不得在有关权利主张的诉讼中找回他们引起的任何成本、费用或支出，除非法院证明该案适于提交上一级法院审判；并且，有关救助的纠纷可以由救助者、被救助财产的所有人或其各自的代理人申请听证和判决。部长得随时决定在任何该常驻治安法官或前述司法人员审理的救助案件中需要给予的费用数额。

建议修正的《海难和救助法》第三十二条

第三十二条

在任何时候，对在本岛或任何前述岛屿和珊瑚礁提供的救助服务所应支付的救助费总额已最终通过协议或常驻治安法官、司法人员或此类裁判员裁决确定，但权利主张者之间的分配引起纠纷，并且数额不超过200磅的，支付方得当然向地区接管人请求自由支付其应支付的数额。如果接管人认为适当，他应接受该笔支付，并出具证明，说明该笔支付和所提供的救助服务；对于获得该证明的人员及其船舶、小船、货物、舾装或活动，该证明应是对与在此提及的服务有关的所有人权利主张的完全责任免除和保障。但如果数额超过200磅，高级法院可以以其认为适当的方式在权利主张者之间分配该数额，并且只要认为适当，可为此指定任何人进行该项分配，还可要求掌握或控制该数额款项的任何人进行分配，或将该款项交给法院以法院指定的方式处理，并为此采取其认为适当的行为或其他程序。

建议修正的《海难和救助法》第三十四条

第三十四条

在应依据本法向任何人支付救助费时，接管人应采取以下行动：

（1）……

（2）如果支付的救助费与救助沉船有关，且该沉船因无人依据以下规定主张权利而未被出售，他应扣押该沉船至费用缴纳完毕，或程序已经按照前述方式启动；但是，如果在启动该程序前，接管人已获得令其满意的对救助费的适当保证，他得释放其保管的前述被扣押的任何船舶、船只、货物、舾装或沉船；在对救助费的主张超过200磅的情况下，高级法院得裁决因提交的保证金数额或保证的充分性引起的任何问题；并且，只要向接管人提出的保证金或其他保证超过 200 磅，对于救助者、被救助财产的所有人或其各自代理人，在前述法院启动法律程序裁决他们之间的任何问题都是合法的，并且前述法院可以同样方式执行该保证金或其他保证，如同保释已经在该法院作出。

建议修正的《海难和救助法》第三十八条

第三十八条

如果自接管人占有沉船之日起一年之内，无所有人对在任何地方发现的沉船主张权利，接管人应立即出售沉船，并在支付销售附带费用，扣除其劳务费和所有开支（如果有），以及按照部长或专员在每个案件中所做的或依据任何一般规则确定的向救助者支付救助费后，以部长或专员指定的方式将销售收益的剩余部分缴入本岛或发现该沉船的属地的国库，并按部长依据当时调整海事费用支出的有效法律发出的命令支出。

建议修正的《海难和救助法》第三十九条

第三十九条

任何时候，在本岛沿岸或靠近沿岸或作为属地的任何岛屿和珊瑚礁的海岸或其附近发现属于在此遇难的任何外国船舶或作为该船舶组成部分的任何物品，或作为任何该类船舶货物一部分的任何物品，或被带至本岛或领土任何部分的任何港口的任何此类物品，在该船舶或货物所有人和船长或所有人的其他代理人不在场的情况下，该船舶或货物所有人所属国的领事官员在保存和处置该物品的范围内可被认定为所有人的代理人。

建议修正的《海难和救助法》第四十一条至第四十四条

第四十一条

被带至或流入本岛或其任何港口的所有外国货物的沉没物应负担同分别进口到本岛或领土范围的货物一样的义务。如果对于该货物原产地存在任何疑问，它们应被认为是经本岛税务长调查确定的国家产品。

第四十二条

本岛税务长可以准许将从返航过程中搁浅或沉没的任何船舶上抢救出的所有货物、商品和货品运至其原定目的港或其他地方，并且将从出航过程中搁浅或沉没的任何船舶上抢救出的所有货物、商品和货品运至其装运港。但是，该税务长要采取保全措施以便适当保护这些货物、商品和物品的价值。

第四十三条

任何人的以下行为，即：

（1）不当地带走或移动在本岛或前述任何岛屿和珊瑚礁的海岸或其附近搁浅或有搁浅危险，或处于危难中的任何船舶或船只的任何部分，或其货物或舾装的任何部分或任何沉没物；

…………

第四十四条

如果任何人将在本岛或任何属地范围内的海岸或其附近搁浅、被遗弃或遇难的任何船舶或船只，或在前述范围内发现的任何沉船带至任何外国港口或地点并出卖，他应对该重罪承担责任，受监禁并服苦役不超过 4 年。

《专属经济区法》（基线）规章
（1992 年 10 月 12 日）

行使《专属经济区法》第二十一条第（a）项授予的部长权力，特制定以下规章：

1. 这些规章可称为《1992 年专属经济区（基线）规章》。

2. 若海图满足以下条件，则该海图是标明测量牙买加专属经济区宽度的基线的官方海图，并应交存测量部门且由测量部门陈列。

（1）标明构成牙买加基点，以及为群岛直线基线连接的佩德罗群岛（Pedro Cays）和莫兰特群岛（Morant Cays）的边缘岛屿基点的地理坐标点（在附表中标明）；

（2）包含任何提示、标记和其他必要信息；

（3）经部长签署。

3. 在法院的任何法律程序中，第 2 款提及的海图或经测量部门主管证明为真实副本的该海图副本将作为其所载内容的证据被接受。

附　件

环绕牙买加大陆及其偏远岛屿的群岛基线所连接的基点的地理坐标

点编号	纬　度	经　度
1	18°15′51″N	78°22′06″W
2	18°16′09″N	78°22′06″W
3	18°21′23″N	78°20′43″W
4	18°21′57″N	78°20′19″W
5	18°22′06″N	78°20′12″W
6	18°26′23″N	78°14′15″W
7	18°27′20″N	78°12′48″W
8	18°27′21″N	78°12′46″W
9	18°31′09″N	77°53′25″W
10	18°31′15″N	77°52′45″W
11	18°31′25″N	77°51′34″W
12	18°31′30″N	77°50′49″W
13	18°31′30″N	77°50′08″W
14	18°31′28″N	77°49′21″W
15	18°31′26″N	77°48′59″W
16	18°28′22″N	77°18′49″W
17	18°24′43″N	76°53″54″W

点编号	纬 度	经 度
18	18°10′05″N	76°21″37″W
19	18°09′20″N	76°20″18″W
20	18°09′10″N	76°20″090″W
21	17°55′02″N	76°10″48″W
22	17°24′39″N	75°57″48″W
23	17°24′16″N	75°57″53″W
24	17°23′42″N	75°58″19″W
25	17°23′22″N	75°58″53″W
26	17°23′01″N	76°00″00″W
27	17°02′28″N	77°31″05″W
28	16°47′26″N	78°11″30″W

注：这些点的坐标参照 1927 年北美大地基准（NAD27），并以半长轴为 6378206.4、扁平率为 1/294.978 的克拉克椭球（1866）为基础。

1996 年海域法

条款安排

序 言

第一条 简称

第二条 解释

群岛国家宣告

第三条 群岛国家宣告

内　　水

第四条　内水

群 岛 水 域

第五条　群岛水域内的主权

第六条　群岛基线

第七条　已有海底电缆的地位

第八条　群岛水域内的无害通过权

第九条　群岛海道通过权

牙买加领土的法院管辖权

第十条　牙买加领土的法院管辖权

领　　海

第十一条　领海内的主权

第十二条　领海界限和与之有关的法律适用

第十三条　领海内的无害通过

第十四条　刑事管辖权

第十五条　民事管辖权

第十六条　军舰和用于非商业目的的政府船舶

关于群岛水域和领海的规定

第十七条　运载核物质或其他危险或有毒物质的船舶

第十八条　非无害通过

毗　连　区

第十九条　毗连区的界限

第二十条　毗连区内的刑事管辖权

大　陆　架

第二十一条　大陆架的界限

第二十二条　在大陆架的权利和对大陆架的管辖权

一　般　规　定

第二十三条　享有登记国或国籍国豁免的船舶或个人

第二十四条　海洋官员的权力

第二十五条　针对国家或海洋官员的法律程序

第二十六条　部长权力

第二十七条　犯罪行为

第二十八条　规章

第二十九条　废除某些法规

本法宣告牙买加为群岛国，并规定牙买加某些海域以及附属或相关事项。

（1996 年 11 月 28 日）

由女王陛下最杰出的总督，经牙买加参议院和众议院建议并同意，颁布以下法律：

序　言

第一条　简称

本法可称为《1996 年海域法》。

第二条　解释

在本法中：

"群岛水域"指第五条第（1）项定义的牙买加群岛水域。

"主管机关"指部长或其为本法目的指定的任何人。

"毗连区"指第十九条定义的牙买加毗连区。

"大陆架"指第二十一条定义的牙买加大陆架。

"外国船舶"指国籍或登记地不是牙买加的船舶。

"内水"指第四条定义的牙买加内水。

"牙买加"与《牙买加独立法》中关于牙买家的含义相同。

"海洋官员"指受雇于海关部门的任何官员、《野生动物保护法》承认的任何狩猎监督官、牙买加警察部队的任何成员或官员、牙买加国防部队的任何成员或官员、渔业监察官依据《渔业法》指定的任何公共官员以及部长指定为海洋官员的任何公共官员。

"蒙特哥海湾公约"指 1982 年 12 月 1 日在蒙特哥海湾签署的《联合国

海洋法公约》。

"海里"指国际海里，即 1 852 米。

"领海"指第十二条定义的牙买加领海。

"船舶"包括任何船只、小艇、驳船、浮式平台、甲板船、航空母舰、装有船上或船外发动机的船舶或其他海船，不论其是水面运输工具、潜艇还是任何其他水下船舶。

第三条　群岛国家宣告

特此宣告牙买加为群岛国。

第四条　内水

内水包括位于为定义内水的目的而规定的群岛水域内的封闭线向陆地一侧的海域。

第五条　群岛水域内的主权

牙买加作为群岛国的主权及于：

（1）依据第六条划出的群岛基线围绕的水域，该水域称为群岛水域，不论其深度或与海岸的距离；以及

（2）群岛水域上空、海床和底土以及海床和底土的生物与非生物资源。

第六条　群岛基线

1. 群岛基线应包括连接牙买加最外部岛屿和干礁的最外部各点的直线基线。

2. 领海、毗连区和大陆架的宽度应从群岛基线量起。

第七条　已有海底电缆的地位

在本法生效时，若已有外国敷设的海底电缆，且该电缆穿过群岛水域且未着陆，则该电缆应维持原状。该电缆的维修和替换应由主管机关在获悉其位置以及修理或替换的意愿后授权。

第八条　群岛水域内的无害通过权

1. 在部长依据第二十六条第 1 款（2）项指定海道或空中航道的权力限制下，且在不妨碍部长依据第二十六条第 1 款（1）项行使权力以规定内水的封口线的情况下，所有船舶依据第十三条的规定享有无害通过群岛水域的权利。

2. 为保护牙买加安全之必要，主管机关可在政府公报上发布命令，在

命令规定的群岛水域的任何部分暂停外国船舶的无害通过。

第九条 群岛海道通过权

1. 第八条提及的海道和空中航道应适合于所有船舶和飞机继续不停和迅速通过群岛水域和邻接领海。

2. 在本法规定的限制下，所有外国船舶和飞机享有群岛海道通过权，即专为在公海或专属经济区的一部分和公海或专属经济区的另一部分之间继续不停、迅速和无障碍地过境的目的，行使正常方式的航行和飞越的权利。

3. 在行使群岛海道通过权时，外国船舶应：

（1）遵守国际规章、程序和实践以确保海上安全以及船舶污染的预防、减少和控制。

（2）遵守与下列事项有关的，对群岛水域有效的任何法律规定：

（a）航行安全和海上交通管理，包括分道通航制度的运作；

（b）渔船和对包括渔具装载的捕鱼的控制；

（c）与上下任何货物、货币或人员有关的海关、税收、移民或卫生管制。

4. 群岛海道通过权应仅在依据第二十六条第 1 款（2）项指定的海道或空中航道行使，因此在指定此种海道或空中航道之前，在通常用于国际航行的航道可行使该种通过权。

第十条 牙买加领土的法院管辖权

为行使牙买加法院管辖权的目的，牙买加的领土应包括内水和群岛水域。

第十一条 领海内的主权

特授予牙买加对领海及其上空、海床和底土的主权。

第十二条 领海界限和与之有关的法律适用

1. 领海包括的水域邻接牙买加：

（1）以第六条第 1 款提及的群岛基线为其向陆一侧的界限；

（2）以从基线量起，其上各点与基线最近各点距离 12 海里的线为其向海的界限。

2. 若在本法生效之日或此后一些法规在牙买加仍然有效或开始执行，其在本法生效前以明示或暗示的方式提及的领海，应在本法生效之时或之后的任何时候解释为领海。

第十三条 领海内的无害通过

1. 在本法规定的限制下，所有国家的船舶享有无害通过领海的权利。

2. 第 1 款提及的通过应继续不停和迅速进行，但应允许停船和下锚，以通常航行所附带发生的或由于不可抗力或遇难所必要的或为救助遇险或遭难的人员、船舶或飞机的目的为限。

3. 为第 1 款和第 2 款的目的，"通过"指为以下目的之一通过领海的航行：

（1）穿过领海但不进入内水或停靠内水以外的泊船处或港口设施；

（2）驶入或驶出内水或停靠（1）项提及的泊船处或港口设施。

4. 在领海内航行时，行使无害通过权的水下船舶应在海面上航行并展示其旗帜。

5. 为了航行安全和管理船舶通过，可以要求行使无害通过权通过领海的外国船舶使用指定的海道或规定的分道通航制度。

6. 为保护牙买加安全之必要，部长可在政府公报上发布命令，在命令规定的领海部分区域暂停无害通过权的行使。

7. 船长或水下船舶的负责人违反第 4 款的规定即构成犯罪，并经巡回法院公诉程序判处不超过 500 万美元的罚款或不超过 5 年的监禁，或两者并处。

8. 外国船舶违反第 5 款的规定即构成犯罪，并经巡回法院公诉程序判处不超过 500 万美元的罚款。

第十四条 刑事管辖权

1. 某一行为若有下列特征，即使它可能发生在外国船舶上，同样是在牙买加经公诉程序判决为可惩罚的犯罪，在第 3 款的限制下，可以逮捕并审判或以与该犯罪有关的任何指控提及的方式处理被合理怀疑实施该犯罪的人，但须适当顾及航行利益：

（1）由某人在领海上或领海中实施，不论此人是否是牙买加公民；

（2）符合这样的描述：如果发生在牙买加某地区的陆地上，根据牙买加当时有效的法律，经公诉程序判决是可惩罚的。

2. 在通过领海的外国船舶上的任何人不受逮捕，该外国船舶上发生的任何犯罪也不受任何调查：

（1）除非在该通过期间：

（a）罪行的后果及于沿海国；

（b）罪行属于扰乱当地安宁或领海的良好秩序的性质；

（c）经外国船舶的船长或外国船舶登记国外交或领事官员请求海洋官员予以协助；

（d）这些措施是取缔违法贩运麻醉药品或精神调理物质所必要的。

（2）若犯罪发生在外国船舶进入领海之前，且该外国船舶从外国港口驶出但不进入内水，则本款不得适用，但是：

（a）若外国船舶在专属经济区内违反：

（ⅰ）为预防、减少或控制船舶污染的一项国际规则或标准；或者

（ⅱ）依据该规则或标准制定以实施该规则或标准的法规或规章的任何规定；并且

（b）若（a）目提及的违反行为有下列特征，则可以在离开内水后通过领海的外国船舶上进行逮捕或调查：

（ⅰ）导致大量排放，对海洋环境造成重大污染或有造成重大污染的威胁；并且

（ⅱ）导致排放，对牙买加沿岸或领海和专属经济区资源造成污染或有造成污染的威胁。

3.为本条的目的，《危险药品法》规定的任何犯罪，不论其是否仅是可由简易程序审判的罪行，都应视为经公诉程序判决为可惩罚的犯罪。

4.在不妨碍第7款规定的情况下，为逮捕被指控犯有本条宣称为可公诉的罪行的任何人，领海应被认为处于牙买加当时有效的法律授权的任何人的管辖权之下，被授权的此人可逮捕违反法律的人，或命令逮捕被指控犯有其管辖权内可公诉的罪行的人。

5.本条任何规定不得：

（1）限制或妨碍依据国际法，或在本法生效前已是牙买加法律且一直有效的任何法律的任何规定的牙买加政府，或代表女王的牙买加政府，或以其名义或为其服务，行使任何权力或权威，但第7款的规定除外；

（2）废除或限制依据上述法律的任何规定授予任何法院的任何刑事管辖权；

（3）使任何走私行为（依据任何此类法律或前述规定的定义）免于审判或受其他方式的处理，虽然在本法生效前，该行为可能已依据至今有效

的牙买加法律或习惯受到处理，但这不妨碍以本条授权的前述任何其他方式处理前述被称为可惩罚的任何此类行为。

在本条中提及的在本法生效前的任何法律规定包括依据第十二条第（2）款进行解释的规定。

6. 若依据第 2 款在外国船舶上进行逮捕或各种调查，主管机关应船长要求，应保证船舶登记国的外交或领事代表获悉此事，并采取有关步骤，以便该代表和船员沟通。但若是立即逮捕或调查，对外交或领事代表的通知可在作出逮捕或调查后一段时间内发出。

7. 第 5 款（1）项规定的权力或权威的行使不得以任何方式违反《蒙特哥湾公约》第二十七条。

8. 未经公诉检察长同意，不得对第 1 款规定的可惩罚的犯罪提起公诉，但是本条不妨碍逮捕与该罪行有关的任何人或对其发布逮捕令，或对被指控犯有此类罪行的人羁押候审或取保候审。

第十五条　民事管辖权

1. 不得仅为了对船上的人执行民事程序或民事管辖权而阻止外国船舶通过领海。

2. 不得为任何民事诉讼的目的对任何外国船舶从事执行或加以逮捕，但涉及船舶本身在通过内水、群岛水域、领海或专属经济区的过程中或为该航行的目的而承担的义务或因而承担的责任，则不在此限。

3. 第 2 款不妨碍为任何民事诉讼的目的而对在领海中停泊或驶离内水后通过领海的外国船舶从事执行或加以逮捕的权利。

第十六条　军舰和用于非商业目的的政府船舶

1. 若指挥外国军舰的官员不遵守下列内容，主管机关可以要求该外国军舰立即离开领海：

（1）有关船舶通过领海的任何法律或规章；

（2）随后提出的遵守法律或规章的任何要求。

2. 若外国军舰或用于非商业目的的政府船舶不遵守上述关于通过领海的任何法律、规章、《蒙特哥湾公约》或国际法其他规则，导致发生了任何损失或损害，该外国军舰或用于非商业目的的政府船舶的登记国应承担该损失或损害的责任。

3. 本法规定不妨碍外国军舰或用于非商业目的的政府船舶的任何豁免权。

关于群岛水域和领海的规定

第十七条　运载核物质或其他危险或有毒物质的船舶

1. 若任何外国核动力船舶或外国船舶在行使无害通过权通过群岛水域或领海时运载核物质或其他危险或有毒物质，船长或船舶负责人应持有与该船舶或物质有关的必要证书，并采取当时有效的适用于运载该类物质的任何国际协定为这种船舶规定的预防措施。

2. 可以要求第 1 款提及的船舶仅通过指定海道。

3. 凡违反第 1 款的规定即以违法论处，并经巡回法院公诉程序判处罚款或不超过 25 年的监禁，或两者并罚。

第十八条　非无害通过

1. 外国船舶的通过应视为无损于牙买加的和平、良好秩序和安全，即如果该船舶在群岛水域或领海内进行以下任何活动，其通过就是有害的：

（1）对牙买加的主权、领土完整或政治独立进行任何武力威胁或使用武力，或以任何其他违反《联合国宪章》所体现的国际法原则的方式进行武力威胁或使用武力；

（2）以任何种类的武器进行任何操练或演习；

（3）任何目的在于搜集情报使牙买加安全受损害的行为；

（4）任何目的在于影响牙买加防务或安全的宣传行为；

（5）在船上发射、降落或接载任何飞机或军事装备；

（6）违反外汇管理、海关、移民、卫生的任何法律，上下任何人员、商品或货币；

（7）违反《蒙特哥湾公约》，故意排放会造成污染的物质；

（8）任何捕鱼活动；

（9）进行研究或测量活动；

（10）任何目的在于干扰牙买加任何通信系统或任何其他设施或设备的行为；

（11）与通过没有直接关系的任何其他活动。

2. 船长或外国船舶或水下船舶的负责人参与或促使其船舶参与第 1 款规定的任何行为，或船上的任何其他人员参与第 1 款规定的任何行为：

（1）即以犯罪论处，并经巡回法院公诉程序判处罚款或不超过 25 年的监禁，或两者并罚；

（2）若在判决后罪行仍在持续，船长或上述其他人构成进一步犯罪，法院应经判决就罪行持续的每天另判处 30 万美元的罚款，除此之外亦可命令没收上述任何船舶。

第十九条　毗连区的界限

毗连区包括在领海之外并邻接领海的海域，以从第六条第 2 款提及的基线向海量起的，其上各点与基线上最近各点距离 24 海里的线为向海一侧的界限。

第二十条　毗连区内的刑事管辖权

1. 王国有权在毗连区中采取必要措施，防止任何人或船舶在牙买加及其群岛水域或领海中发生违反有关海关、财政事项、移民或卫生的任何法规的行为，并逮捕违反该类法律或规章的任何人或船舶。

2. 在第 1 款授予王国的管辖权的限制下，海洋官员有权对发生违反与上述规定事项有关的任何法规的行为进行逮捕。

第二十一条　大陆架的界限

1. 在第 3 款的限制下，大陆架包括其领海以外依其陆地领土的全部自然延伸，扩展到大陆边外缘的海底区域的海床和底土。如果从依据第六条确立的基线量起到大陆边外缘的距离不到 200 海里，则扩展到 200 海里的距离。

2. 若第 1 款提及的大陆边外缘从领海基线上最近各点延伸至 200 海里以外，大陆架外部界限的确立应考虑有关确立或划定该界限之外的大陆架的国际法原则。

3. 为第 1 款和第 2 款的目的，大陆边缘包括牙买加陆块没入水中的延伸部分，由大陆架、大陆坡和大陆基的海床和底土构成，但不包括深海海底及其洋脊、底土。

4. 若大陆架外缘与和牙买加海岸相邻或相向国家的大陆架外缘重叠，牙买加和该国的大陆架划界应在《国际法院规约》第三十八条提及的国际法的基础上协定划定，以便得到公平解决。

第二十二条　在大陆架的权利和对大陆架的管辖权

1. 在大陆架，王国有：

（1）以勘探和开发其自然资源为目的的主权权利；

（2）授权和管理为一切目的进行钻探的专属权利；

（3）有关授权和管理建造、操作、维护和使用用于经济目的的人工岛屿、设施和结构的专属权利和管辖权；

（4）预防、减少或控制源自管道的污染的权利。

2. 第 1 款提及的自然资源包括海床和底土的矿物和其他非生物资源，以及属于定居种的生物资源，即在可捕捞阶段在海床上或海床下不能移动或其躯体须与海床或底土保持接触才能移动的生物。

一 般 规 定

第二十三条　享有登记国或国籍国豁免的船舶或个人

1. 若在第十八条第 1 款的限制下，外国船舶的通过被认为有损于牙买加的和平、良好秩序和安全，并且参与被认为有害的活动的该船舶或船上的任何人享有国家豁免或法律承认的其他豁免，该船舶的船旗国或该人的国籍国应被认定为对该船舶或该人的活动负有国际责任。

2. 若外国船舶的船旗国或个人的国籍国被认为负有第 1 款规定的国际责任，部长得采取必要步骤，依据国际法取得所有可获得的赔偿。

第二十四条　海洋官员的权力

1. 若外国船舶被用于实施第十八条第 1 款规定的任何行为，或海洋官员有合理理由怀疑外国船舶被用于此类行为，海洋官员得为以下目的命令船舶停航并登临船舶：

（1）对该行为进行调查；

（2）依据本法规定，对船长、该船舶的负责人或船上的任何其他人发出指令；

（3）要求该船舶上的任何人出示与所实施的任何行为有关的任何许可证；

（4）要求该船舶上的任何人对所实施的任何行为作出解释。

2. 为本法目的，不论是否有逮捕证，海洋官员均逮捕：

（1）实施损害牙买加和平、良好秩序和安全的任何行为的任何外国船舶。

（2）船长或被用于实施有害行为的船舶的负责人。

（3）该船上参与任何此类有害行为的任何人。

（4）违反第十三条第 4 款的任何水下船舶。

（5）任何人未经主管机关的书面授权而在大陆架上：

（a）勘探或开发大陆架自然资源；

（b）为任何目的进行钻探；

（c）建造、操作、维持并使用任何人工岛屿、设施或结构。

（6）依据（5）项（a）目用于勘探或开发自然资源的任何船舶，并扣押用于实施任何（5）项（b）目和（c）目规定的任何行为的任何设备。

（7）任何人：

（a）不遵守在大陆架上预防、减少或控制污染的指令；

（b）帮助并教唆该人。

（8）妨碍海洋官员依据本法履行其职责的任何人。

3. 依据第 1 款或第 2 款行动的海洋官员应确保航行安全不受危及，或不对任何外国船舶或水下船舶造成任何危险，或该外国船舶或水下船舶不被带至不安全的港口或停泊地，或海洋环境不处于不合理的危险之下。

4. 在履行作为海洋官员的职责时，海洋官员有行使并享有《警察法》授予警察的所有权力、权威、特权与豁免。

第二十五条 针对国家或海洋官员的法律程序

在对任何海洋官员或其助手依据本法或执行或意在执行本法的任何行为提起的任何诉讼或法律程序中，原告不得要求赔偿，除非其在诉讼请求中宣称并在审判中证明，该行为是恶意的或缺乏合理或适当的理由。

第二十六条 部长权力

1. 部长可以在政府公报中发布命令：

（1）为确定内水，规定封口线。

（2）指定：

（a）用于或与行使无害通过权有关的海道或空中航道；

（b）群岛海道。

（3）规定分道通航制度，以便管理船舶通过。

2. 部长应敦促绘制海图，其比例尺应足以识别、确定以下事项的地理坐标或地理坐标表：

（1）测量领海、毗连区和大陆架的封口线或基线；

（2）领海、毗连区和大陆架的向海界限；

（3）海道或分道通航的中心线。

3. 部长应：

（1）通过政府公报上的通知，公布第 2 款（1）项提及的基线，不论其是以海图还是列表标明；

（2）敦促将该海图或列表的副本提交联合国秘书长。

第二十七条　犯罪行为

1. 凡有下列行为之一的，即以犯罪论处，并经常驻治安法官以简易程序判处不超过 2 000 美元的罚款或不超过 12 个月的监禁，或两者并处。法院除此之外亦可命令没收实施该类行为的任何船舶或设备：

（1）抗拒、无视或不遵守海洋官员为本法目的向其发出的任何命令；

（2）在第 2 款的限制下，拒绝或不能出示海洋官员要求的任何许可证；

（3）没有合理理由拒绝作出海洋官员为本法目的要求的任何解释；

（4）攻击或妨碍任何海洋官员履行职责。

2. 凡有下列行为之一的，即以犯罪论处，并经巡回法院公诉程序判处罚款或不超过 5 年的监禁，或两者并罚：

（1）实施有害于牙买加和平、良好秩序和安全的任何行为；

（2）在外国船舶上参与任何此类有害活动。

3. 若依据第 1 款（2）项，某人不能按海洋官员的要求出示许可证，但能以其他方式向海洋官员证实其姓名、地址和身份，如果海洋官员另需确认此人可信度，则海洋官员可要求此人在此后 5 天之内，在指定的地点亲自出示其许可证。此人如果如是出示了许可证，则不应被判实施该款规定的罪行。

第二十八条　规章

部长可为执行本法的目的制定规章，并在不妨碍前述规定一般意义的情况下，特别为以下内容制定规章：

（1）为官方承认的标明群岛基线的海图或地理坐标点，以及对该海图、地理坐标表及其以规定方式获得证明的副本作为证据的承认；

（2）确定内水、群岛水域、领海、毗连区和大陆架的界限；

（3）管理建造、维护和移除大陆架上的人工岛屿、设施和结构；

（4）管理毗连区内的海关、税收、卫生、安全和移民事项；

（5）规定将逮捕或拘留任何外国船舶或水下船舶和个人以及对之处以刑罚的事实通知利益相关方所应采取的步骤；

（6）为规章任何规定的目的确定船舶国籍；

（7）管理与内水、群岛水域、领海、毗连区和大陆架经济性勘探或开发有关的任何活动；

（8）管理在内水、群岛水域、领海、毗连区和大陆架的科学研究的授权、控制和监督；

（9）海洋环境的保全和保护以及海洋污染的预防和控制；

（10）航行安全和海洋交通管制；

（11）养护内水、群岛水域、领海、毗连区和大陆架内的生物资源；

（12）管理对内水、群岛水域、领海、毗连区和大陆架的使用；

（13）与发生在内水、群岛水域、领海、毗连区和大陆架的任何活动有关的费用支付；

（14）对为外国船舶通过领海提供的服务收取费用；

（15）关于 200 海里以外大陆架的非生物资源开发的费用支付方式；

（16）与领海无害通过有关的事项；

（17）群岛海道通过权的行使；

（18）规定本法授权规定的任何事项。

第二十九条　废除某些法规

特此废除以下法规：

（1）《领海法》；

（2）1948 年《牙买加（边界调整）委员会令》。

1996 年 7 月 3 日由众议院通过。

墨 西 哥
Mexico

....

（英文文本截止于 2010 年 9 月 15 日）

国家财产普通法（1）
（1941 年 12 月 31 日制定，1982 年 1 月修正）

第二十九条

公用财产包括：

…………

（2）根据《墨西哥合众国政治宪法》、依其制定的法律，以及国际法，领海宽为 12 海里（22 224 米）。除下文另有规定外，领海应从大陆海岸以及构成国家领土一部分的岛屿海岸的低潮线量起。

若海岸有深水湾和水口，或紧接海岸有一系列岛屿，测量领海宽度的基线的划定可采用连接各适当点的直线基线法。直线基线不应在任何明显的程度上偏离海岸的一般走向，而且基线以内的海域必须充分接近陆地领土，使其受内水制度的支配。若在低潮高地上筑有永久高于海平面的灯塔或类似设施，或全部或部分低潮高地与大陆海岸或岛屿的距离不超过领海宽度，直线基线的划定应以低潮时露出水面的低潮高地为起讫点。为划定领海的目的，构成海港体系组成部分的最外部永久海港工程视为海岸的一部分。

…………

在加利福尼亚海湾划定墨西哥领海的法令

（1968 年 8 月 28 日）

基 础 条 款

墨西哥在加利福尼亚海湾处的领海应当从如下描述的基线量起：

1. 沿加利福尼亚海湾西岸，从下加利福尼亚半岛上（Baja California）名为阿里纳角（Punta Arena）的点开始，沿低潮标向西北方向到名为本塔纳角（Punta Arena de la Ventana）的点；再沿直线基线到位于塞拉尔沃岛（Cerralvo Island）最南端名为罗卡蒙大拿（Roca Montaña）的点；再沿该岛屿东海岸的低潮标到其最北端；再沿直线基线到拉斯福卡斯礁（Las Focas Reef）；再沿直线基线到圣埃斯皮里图岛（Espíritu Santo Island）的最东点；再沿该岛屿东海岸到其最北点；再沿直线基线到拉帕尔蒂达岛（La Partida Island）的东南端；再沿该岛屿的西海岸到位于拉帕尔蒂达岛最北端的名为洛斯伊斯洛特斯（Los Islotes）的岛屿群；再从该岛屿群最北端沿直线基线到圣何塞岛（San José Island）的东南端；再沿东海岸的直线基线向北到岛屿海岸改朝西北方向的点；再从该点沿直线基线到拉斯阿尼玛斯岛（Las Animas Island）；再从该岛屿最北端沿直线基线到圣克鲁斯岛（Santa Cruz Island）东南端的点；再从该点沿直线基线到圣卡特琳娜岛（Santa Catalina Island）的东南端；再沿该岛东海岸低潮线到该岛的最北端；再沿直线基线到卡门岛（Carmen Island）东北端的洛沃斯角（Punta Lobos）；再沿直线基线到科罗纳多岛（Coronados Island）的东北端；再沿直线基线到位于下加利福尼亚半岛海岸名为曼格利斯角（Punta Mangles）的点；再沿海岸低潮标到该海岸名为普尔皮托角（Punta Púlpito）的另一点；再沿直线基线到圣伊尔德丰索岛（San Ildefonso Island）的最东端；再沿直线基线到加利福尼亚半岛名为圣特蕾莎角（Punta Santa Teresa）的点；再沿半岛低潮线到名为康塞普西翁角（Punta Concepción）的点；再沿直线基线到圣伊内斯岛（Santa Inés Island）的最东端；再沿该岛的东海岸低潮线到该岛最北端；再沿直线基线到托尔图加岛（Tortuga Island）的最东端；再沿该岛北海岸的低潮线到该岛的最西点；再沿直线基线到位于下加利福尼亚半岛名为包姚角

（Punta Baja）的点；再沿该半岛海岸的低潮标到名为圣米格尔角（Cabo San Miguel）的点；再沿直线基线到圣埃斯特万岛（San Esteban Island）的西南端。

2. 沿加利福尼亚海湾东海岸，从位于锡那罗亚州（Sinaloa State）名为圣米格尔角的点，沿低潮标向西北方向到位于同一海岸的名为阿科角（Cabo Arco）的另一点；再沿直线基线到该海岸名为圣卡洛斯港（Puerto San Carlos）的另一点；再沿该海岸低潮标到该海岸名为多布尔角（Punta Doble）的点；再沿直线基线到圣佩德罗诺拉斯科岛（San Pedro Nolasco Island）的东南端；再沿该岛西海岸低潮标到该岛最北端；再沿直线基线到位丁海岸名为列斯纳角（Punta Lesna）的点；再沿海湾东海岸低潮线到索诺拉州海岸名为包姚角的点；再沿直线基线到特纳斯岛（Turners Island）的最南端；再沿直线基线到圣埃斯特万岛（San Esteban Island）的东南端。

关于海洋的联邦法
（1986 年 1 月 8 日）

墨西哥合众国颁布以下法律：

第一部分   一 般 规 定

第一章   本法的适用范围

第一条

关于墨西哥海域，本法规定与《墨西哥合众国政治宪法》第二十七条第 4 款、第 5 款、第 6 款和第 8 款有关。

第二条

本法在范围上属于联邦法。它支配构成国家领土一部分的海域，并适用于在该领土范围之外由国家行使主权权利、管辖权和其他权利的海域。它的规定属于公共事务范围，处于国家民主计划体制的框架内。

第三条

墨西哥海域是：

（1）领海；

（2）内水；

（3）毗连区；

（4）专属经济区；

（5）大陆架与岛屿陆架；

（6）国际法允许的任何其他区域。

第四条

在前条列举的区域中，国家得依据《墨西哥合众国政治宪法》和国际法，行使其获得的权力、权利、管辖权和职能。

第五条

外国及其国民在第三条列举的区域中活动时，应尊重本法为每个区域作出的规定以及附带的权利和义务。

第六条

根据本法，对以下事项得依据《墨西哥合众国政治宪法》、国际法和可适用的国内法，行使在相关海域范围内的国家主权和主权权利、管辖权和职能：

（1）海洋工事，包括人工岛屿、设施和结构；

（2）适用于海洋生物资源的制度，包括其保护和利用；

（3）适用于海洋非生物资源的制度，包括其保护和利用；

（4）海洋经济发展，包括利用溶于水中的矿物，从海水、水流和风中获取电能和热能，利用海上太阳能，发展海岸区域，海水养殖，建立国家海洋公园，推动娱乐业和旅游业的发展以及建立捕鱼群体；

（5）海洋环境的保护和保全，包括污染的防止；

（6）海洋科学研究。

第七条

联邦政府应当负责通过联邦公共管理机构的各分支实施本法。根据《组织法》和其他普遍性立法规定，这些分支机构在被授权的基础上是国内主管机关。

第八条

联邦政府可以依据国际法与邻国谈判、协定，从而划定墨西哥海域和处于相关国家海洋管辖权下的邻接区域在重叠部分的界限。

第九条

墨西哥海域不应超出其上各点与测量邻国领海宽度的基线上最近各点距离相等的中间线，除非与该国另有协定。

联邦政府不同意邻国超出其上各点与测量邻国领海宽度的基线上最近各点距离相等的中间线而单方面地扩展其海域。在此种情况下，联邦政府应与该邻国寻求谈判，以便达成双方均可接受的解决方法。

第十条

在《墨西哥合众国政治宪法》和国际法的限制下，对本法授予外国船舶的权利的享有取决于船旗国对待本国船舶的互惠措施。

第十一条

联邦政府应确保与他国的关系是以国际互惠原则为基础的，因为对于各国及其国民严格依据国际法从事的任何活动，该原则既适用于墨西哥海域也适用于他国建立的相应海域。

第十二条

国家应承认与他国严格依据国际法并以互惠为基础划定海洋界限的行为。

第十三条

联邦政府应确保国家主管机关遵守可适用的承认内陆国使用其旗帜的权利的国际规则。

第二章　海洋设施

第十四条

人工岛屿、设施和结构不应有其自身的领土，并且其存在不影响领海、专属经济区和大陆架的划界。

第十五条

国家得对专属经济区内、大陆架和岛屿陆架上的人工岛屿、设施和结构行使专属管辖权，包括与海关、财政、卫生、安全和移民规章有关的管辖权。

第十六条

依据本法和《普通国家财产法》《公共设施法》以及其他现行有效规定，国家得对在墨西哥海域内建造以及授权和管理建造、操作和使用人工岛屿、设施和结构行使专属权利。

第十七条

建造、设置、保全、维护、修理和拆除用于勘探、定位、钻探、提取和开发海洋资源或为了墨西哥海域内公共服务或共同使用的不动产，应适当顾及与此有关的现行立法规定。

第三章　资源与海洋经济发展

第十八条

本法的适用应严格遵守与渔业有关的立法、根据该立法制定的规定，以及与本国人或外国人在墨西哥海域保护和利用生物资源的措施有关的其他可适用的规定。

第十九条

勘探、开发、加工、研制、提炼、运输、储存、分配和销售墨西哥海域中的海底碳氢化合物和矿产，应依据《墨西哥合众国政治宪法》第二十七条的调整性规则、石油与矿物质分类和各相关规章，以及可适用的本法规定。

第二十条

除了本部分前两条规定的活动，涉及墨西哥海域的开发、使用和经济发展的任何活动应依据《墨西哥合众国政治宪法》第二十七条第4款、第5款和第6款，本法，以及可适用的其他法律和规章。

第四章　海洋环境的保护和保全以及海洋科学研究

第二十一条

在行使国家在墨西哥海域中的权力、权利、管辖权和职能时，为防止、减少和控制对海洋环境的污染，应适用：《联邦环境保护法》《普通健康法》及其相关规章、《联邦水法》和可适用的有效或即将通过的其他法律和规章，包括本法、本法规章以及国际法相关规则。

第二十二条

在墨西哥海域进行科学研究应适用以下原则：

（1）只为和平目的进行；

（2）以符合本法、可适用的其他规定和国际法的适当科学方法和手段进行；

（3）不应不正当地干涉符合本法和国际法的海洋其他合法用途；

（4）应尊重有关保护和保全海洋环境的所有法律和规章；

（5）不应构成主张海洋环境及其资源的任何部分的任何法律基础；

（6）若依据本法准许外国人从事这些活动，应尽可能确保本国国民的参与；

（7）在前项规定提及的情况下，国家应确保其收到研究结果，并且如果有要求，可获得解释和评价该研究结果的必要协助。

第二部分   墨西哥海域

第一章   领   海

第二十三条

国家得对被视为领海的一带海域行使主权，该海域邻接国家大陆海岸和内水。

第二十四条

国家主权及于领海的上空以及海床和底土。

第二十五条

墨西哥领海的宽度应是根据本法及其规章规定测量的12海里(22 224 米)。

第二十六条

领海界限应从依据本法的规章确定的正常基线、直线基线或混合两者的基线测量。

第二十七条

领海外部界限应是其上各点与依据本法第二十六条及其规章的相关条

款构成领海内部界限的线上最近点距离为 12 海里（22 224 米）的线。

第二十八条

依据《墨西哥合众国政治宪法》第二条的规定，外国船舶上的任何奴隶进入领海，应仅依据本法获得自由并享受法律提供的保护。

第二十九条

所有国家，不论沿海国还是内陆国，其船舶享有无害通过墨西哥领海的权利。

第三十条

如果外国军舰不遵守与通过领海有关的本法规定、本法规章以及其他国内立法规定，并且无视对其提出的与遵守这些法律法规有关的规定的要求，可以要求该外国军舰立即离开墨西哥领海。

第三十一条

联邦政府得要求船旗国承担下列责任：军舰或用于非商业目的的其他政府船舶不遵守有关通过领海的国内法律和规章、本法及其规章的规定以及可适用的其他国际法规则而导致的本国国民的任何损失或损害。

第三十二条

除本部分规定的例外，本法任何规定不妨碍外国军舰和用于非商业目的的其他政府船舶的豁免，因为它们只受船旗国的管辖，也不妨碍在互惠基础上授予用于商业目的的政府船舶的豁免。

第三十三条

根据墨西哥合众国的相关国际义务，外国飞机飞越领海上空应受国内立法的限制，并且根据《普通通信法》和其他现行立法规定，外国飞机的检查、操纵和控制应受联邦政府专属管辖权和职能的限制。

第二章   内   水

第三十四条

国家得在作为内水的海域内行使主权，该海域从国家大陆和岛屿海岸到墨西哥领海。

第三十五条

国家主权应及于内水的上空以及海床和底土。

第三十六条

根据本法规章的相关规定，内水被视为封闭在海岸和测量领海的正常基线或直线基线之间的海域，包括：

（1）加利福尼亚海湾北部；

（2）内海湾的海水；

（3）港口海水；

（4）珊瑚礁的内水；

（5）永久或临时与海相连的河流、淡水湖和河口湾的入口或三角洲的海水。

第三十七条

若依据本法规章的规定，海岸低潮线未被作为测量领海的基础标记在墨西哥合众国官方承认的大比例尺海图上，内水的内部界限应与海岸低潮线重合。

第三十八条

为内水内部界限的目的，低潮线应是沿国家大陆和岛屿海岸，海水在特定时间到达的一条潮汐最大涨落线。

第三十九条

内水的外部界限应与测量领海的基线准确地重合，该界限标示在墨西哥合众国官方承认的大比例尺海图上。

第四十条

根据本法第八条和第九条以及本法规章的相关条款，在邻接邻国管辖权下的海洋区域内，内水的划界应视为包含在墨西哥领海与处于该邻国管辖权下的领海或其他海域之间已达成或已同意的划界中。

第四十一条

根据事实情况，在内水中航行的外国船舶应遵守本法、本法规章以及可适用的共和国其他立法。

第三章　毗　连　区

第四十二条

在毗连领海称为毗连区的海域中，国家得享有或行使为以下事项所必要的控制：

（1）防止在墨西哥领土、内水或领海中违反可适用的本法规则、本法规章，以及海关、财政、移民或卫生的法律和规章；以及

（2）惩罚在墨西哥领土、内水或领海中违反上述法律和规章的行为。

第四十三条

墨西哥毗连区应从依据本法第二十六条和本法规章的相关规定测量墨西哥领海宽度的基线起延伸 24 海里（44 448 米）。

第四十四条

毗连区的内部界限应与根据本法第二十七条和本法规章的相关规定确定的领海外部界限准确地重合，该界限标示在墨西哥合众国官方承认的大比例尺海图上。

第四十五条

墨西哥毗连区的外部界限应是其上各点与根据本法第二十六条确定的领海基线上最近点距离 24 海里（44 448 米）的一条线。

第四十六条

在位于领海之外且邻接领海的专属经济区内，国家得行使：

（1）以勘探、开发、养护和管理海床上覆水域和海床及其底土的自然资源（不论是生物或非生物资源，可再生或不可再生资源）为目的，以及关于在该区域内从事经济性开发和勘探，如利用海水、海流和风力生产能的主权权利。

（2）本法相关规定、本法规章和国际法规定的对下列事项的管辖权：

（a）人工岛屿、设施和结构的建造和使用；

（b）海洋科学研究；

（c）海洋环境的保护和保全。

（3）本法、本法规章和国际法规定的其他权利和义务。

第四十七条

在专属经济区中行使国家权利和管辖权以及履行国家义务时，联邦政府

应确保墨西哥适当顾及其他国家的权利和义务，并以符合国际法的方式行事。

第四十八条

在专属经济区中，联邦政府应尊重外国享有航行与飞越自由、敷设海底电缆管道的自由，以及与这些自由有关的海洋其他国际合法用途，诸如同船舶和飞机的操作及海底电缆和管道的使用有关的并符合本公约其他规定的那些用途。

第四十九条

联邦政府应确保外国在专属经济区中行使权利和履行义务时适当顾及国家的权利、管辖权和义务，并遵守根据宪法和可适用的国际法规则制定的本法、本法规章以及其他国内规章。

第五十条

墨西哥专属经济区应从依据本法第二十六条测量领海宽度的基线起延伸 200 海里（370 400 米）。

第五十一条

岛屿应有专属经济区，但人类不能居住或不能维持人类经济生活的礁石不能有专属经济区。

第五十二条

专属经济区的内部界限应与依据本法第二十六条和本法规章的相关规定确定的领海外部界限重合，该界限标示在墨西哥合众国官方承认的大比例尺海图上。

第五十三条

墨西哥专属经济区的外部界限应是一条其上各点与依据本法第二十六条确定的领海基线上最近点距离 200 海里（370 400 米）的线。

第五十四条

相应地，专属经济区的外部界限为连接公布在 1976 年 6 月 7 日联邦政府公报上的法令中的各地理坐标点的一系列弧线，该界限标示在墨西哥合众国官方承认的大比例尺海图上。

第五十五条

在本法相关规定、本法规章和国际法的限制下，联邦政府应确保尊重所有国家（不论是沿海国还是内陆国）在墨西哥专属经济区内的航行与飞越的自由。

第五十六条

联邦政府应采取适当的管理和养护措施，使生物资源免受过度开发的危害；应决定专属经济区中生物资源的可捕量，并在不妨碍以上需要的情况下促进这些资源利用的最大化。若本国船舶没有能力捕捞某一种群的全部可捕量，联邦政府考虑到本国利益并依据《墨西哥渔业法》的规定，应准许其他国家捕捞可捕量的剩余部分。

第四章　大陆架或岛屿陆架

第五十七条

国家得对大陆架和岛屿陆架行使以勘探和开发自然资源为目的的主权权利。

第五十八条

前一条提及的国家主权权利应是专属的，即如果墨西哥不勘探大陆架和岛屿陆架或不开发其自然资源，任何人未经国家主管机关的明示同意不得进行这些活动。

第五十九条

第五十七条提及的国家的主权权利不依赖于对大陆架和岛屿陆架的占有，不论是现实的还是观念上的。

第六十条

国家对大陆架和岛屿陆架的权利不影响其上覆水域或那些水域上空的法律地位。

第六十一条

国家对大陆架和岛屿陆架权利的行使不得妨碍本法、本法规章和国际法规定的他国的航行自由以及其他权利和自由，或导致对这些权利和自由的任何不合理妨碍。

第六十二条

根据国际法的规定，墨西哥大陆架和岛屿陆架应包括其领海以外依其陆地领土的全部自然延伸。扩展到大陆边外缘的海底区域的海床和底土，如果从测算领海宽度的基线量起到大陆边外缘的距离不到 200 海里，则大陆架扩展到 200 海里的距离。前述定义包括构成国家领土的岛屿、小岛和礁石的陆架。

第六十三条

岛屿应有岛屿陆架，但人类不能居住或不能维持人类经济生活的礁石不能有大陆架。

第六十四条

墨西哥大陆架和岛屿陆架的内部界限应与依据本法第二十六条和本法规章的相关规定确定的领海底土的外部界限准确地重合，该界限标示在墨西哥合众国官方承认的大比例尺海图上。

第六十五条

对于墨西哥大陆架和岛屿陆架，若它们的大陆边外缘从测量领海的基线量起不超过 200 海里的地方，则这些陆架的外部界限应与依据本法第五十三条和第五十四条规定的专属经济区底土的外部界限准确地重合，该界限标示在墨西哥合众国官方承认的大比例尺海图上。

过渡性条款

第一条

本法应于联邦政府公报公布之日生效。

第二条

本法得取代在 1976 年 1 月 13 日政府公报上公布的有关专属经济区的《墨西哥合众国宪法》第二十七条第 8 款的调整性规定。

第三条

本法应取代所有与之抵触的现行法律规定。本法未规定的与国家管辖权下的海域有关的事项应受与本法不抵触的现行国内立法调整。

第四条

违反本法规定的，应根据适用于各种事务的国内法令，受到国家主管机关的处罚。

尼加拉瓜
Nicaragua

（英文文本截止于 2009 年 1 月 16 日）

关于大陆架和邻接海域的第 205 号法案
（1979 年 12 月 19 日）

第一条

整个尼加拉瓜的大陆架是国家领土不可或缺的组成部分，是国家领土的自然延伸，并且相应地为任何目的受制于尼加拉瓜的主权。

第二条

尼加拉瓜的主权和管辖权及于邻接其海岸 200 海里的海域。

第三条

对大陆架及其邻接海域的主权和国家管辖权也包括并及于上述条款确定的界限范围内的上空以及岛屿、浅滩、暗礁和其他不规则地形，不论其是露出水面还是没入水下，只要紧邻大陆架或来自大陆架的自然生成。

第四条

在 200 海里的邻接水域中，其他国家的商船得以限制尼加拉瓜国内法、国际条约和协定的方式和条件实现无害通过。

第五条

在主权和管辖权范围内的这些区域所蕴含的所有财富和自然资源是尼加拉瓜的财产，并且不依赖于尼加拉瓜在前述的确定区域内的现实或观念上的占有。

对这些自然资源的勘探、开发、利用和管理是尼加拉瓜的专属权利，这不妨碍通过国际条约和协定达成的权利和义务。

第六条　废除

本法废除与之抵触的所有先法。

巴拿马
Panama

（英文文本截止于 2009 年 1 月 16 日）

第 31 号法令
（1967 年 2 月 2 日）

....

第一条

巴拿马共和国的主权及于其陆地与岛屿领土和内水之外，宽度为 200 海里的领海及其海床、底土和上空。

....

第 7 号法令
（1998 年 12 月 10 日）

"设立巴拿马海洋局"

在第 23.484 号政府公报上公布

1998 年 2 月 17 日，星期二

第 7 号国家行政法令

（1998 年 2 月 10 日）

"设立巴拿马海洋局，统一公共行政机关的各种海洋管辖权并执行其他规定"

共和国总统依据其宪法权力，特别是 1998 年 1 月 2 日第 1 号法律第一条第 3 款所赋予的权力，经内阁会议同意，颁布以下法律：

第一章　说明、定义和一般规定

第一条

作为国家自治机构的巴拿马海洋局（以下简称"海洋局"）应具有法律人格、自己的资产和内部安排的独立性，仅受政府政策、指导和监督的限制以及共和国审计总署的控制。为本法令的目的，政府得通过其部长担任海洋局管理委员会主席的部门行使权力。

依据《巴拿马共和国宪法》第三百一十一条最后一款，海洋局的设立使与海洋部门有联系的所有共和国机构和当局进行合作的方式制度化。由此，海洋局得享有所有权利和特权以保证其执行"国家海洋战略"的最高权威地位。

第二条

为适用和执行本法令的目的，所使用的以下措辞具有如下含义：

"海事部门"指与巴拿马共和国商船、港口体系、海上和沿岸资源、人力资源和海运辅助业有关的所有活动。

"海洋管辖权"指沿海国、港口国和船旗国在海域和海道中的所有责任，以及对其中事实、行政、经济和法律行为的所有责任。它包括对参与上述活动的人力资源的管理。

"国家海洋战略"指为了促进海洋部门的发展，国家在专属经济区中采取的所有政策、规划、项目和指南。

"海洋和海岸资源"指在海岸和巴拿马专属经济区外部界限之间发现的所有可再生和不可再生资源，但矿物资源和碳氢化合物资源除外。

"沿岸区域"指陆地和海洋这两个环境领域的连接或过渡空间。

"海域和内水"指 1996 年 6 月 4 日第 38 号法令确定的区域和水域。该法令认可 1982 年 12 月 10 日在牙买加蒙特哥湾签署的《联合国海洋法公约》。"海域和内水"包括巴拿马共和国的内水、领海、毗连区、专属经济区和大陆架。

"海岸"指邻接高潮线的近岸区域。海岸的陆地区域有赖于在一个统一的海岸管理项目中对其指定的公共用途,所依据的标准是:居留、旅游、商业和工业发展的控制,濒危种群和栖息地的保护,海岸线的审美保护,水质的保护,以及海岸资源的侵蚀和退化。

"统一的海岸管理项目"指为了保护和发展海岸资源与生态的统一规划,联合政府与社会、科学与管理以及公利与私利的过程。统一的海岸管理的目的在于提高依赖海岸资源的社区的生活质量,并且保持这些生态系统的生产率与生物多样性。

"水生资源"指在巴拿马共和国行使管辖权的海域或内水中暂时或永久生存的水生种群。

第三条

海洋局的基本目标是:

1. 管理、促进、规制、安排和执行与海洋部门的运作与发展直接或间接相关或有联系的政策、战略、法律和规章、规划和项目。

2. 为了促进国家社会经济发展,与巴拿马运河管理局、大洋间区域管理局、巴拿马旅游局、国家可再生自然资源局以及与现存或将来可能建立的海洋部门有关的任何其他部门合作。

3. 作为巴拿马共和国的最高海洋权威,按照 1982 年《联合国海洋法公约》以及其他现行法律和规章,行使巴拿马共和国的权利并承担巴拿马共和国的责任。

第四条

海洋局的职责如下:

1. 提出、协调和执行国家海洋战略。

2. 建议政策和措施,履行行政行为,并执行适用于海洋部门的法律和规章。

3. 采取措施保护国家在海域和内水的利益。

4. 管理、保全、恢复和开发海洋和海岸资源。

5. 与农业发展部合作，确保国家的水上资源的开发严格遵守巴拿马共和国国际义务，并对此负主要责任。

6. 确保严格遵守 1982 年《联合国海洋法公约》的规定以及巴拿马缔结的与海事部门有关的其他国际条约、协定和文件。

7. 应政府和其他国家机构的要求，评估与海事部门的活动有关的国际条约和协定的采纳所必要的措施并提出建议。

8. 与外交部合作，在与海事部门的事务有关的国际组织中代表巴拿马。

9. 在巴拿马共和国海域和内水中，与国家海军合作执行国家法律。

10. 依据《巴拿马共和国宪法》和法律，持续更新船舶安全通过巴拿马共和国海域和内水所必要的标志和信号系统、航行援助、海图以及其他水文信息。

11. 与其他国家主管机构合作，指挥必要的操作以处理发生在巴拿马共和国管辖下的海域和内水中碳氢化合物或化学物质的排放以及其他灾难或事故。

12. 与国家可再生自然资源研究所或同等机构合作，适用《联合国海洋法公约》以及与海洋局负责的沿海保护区有关的国内立法。

13. 法律授予海洋局的任何其他职责。

第二章　资产、财政和监督

第一节　资　　产

第五条

海洋局的资产应包括：

1. 依据本法令目前属于并入海洋局的任何公共行政机构的所有动产和不动产。

2. 海洋局获得的应交存国库的遗产、赠予和遗赠。

3. 海洋局拥有的股份、保证金、债券和其他金融工具产生的孳息。

4. 国家拨款。

5. 海洋局的服务规费和海洋局的直接管理收入或授予特许经营权的

收入。

6. 海洋局收取的罚金。

7. 法律、规章或管理委员会授予的任何其他财产或资产。

第二节　财政和监督

第六条

1. 通过提供担保、租赁资产或其他方式，鼓励海事部门内私营企业或混合所有制企业的设立和发展。

2. 在私营企业或混合所有制企业设立时，通过购买股份或其他金融工具参股。

3. 依据现行立法，购买、出让、租赁或处置任何类型的财产，授予特许经营权，聘用特种技术人员，建设工程以及规划或实施其项目。

4. 起草并向政府提交与职位分类、工资数额，以及适用于海洋局执行层官员、管理人员和技术人员的其他福利有关的建议。为此，政府得通过总统办公室采用必要规章，使现行的公务员立法适合于海洋局工作人员所提供的服务的特殊性质。

5. 运用经济资源维持海洋局工作人员的适当资质。

6. 设定海洋局服务的费用。

7. 政府或法律授予海洋局的任何其他权力。

第七条

国家应共同承担海洋局的合同责任。

第八条

海洋局有强制管辖权，该管辖权应由局长行使。局长可以将该权力委托海洋局其他雇员行使。

经审计员证明的与海洋局未实现的债权有关的结算单，得为海洋局强制管辖权的目的授予执行权。

第九条

海洋局得免除各种类型的税收、捐赠、税费、收费或进口关税，但为社会保障、教育和职业风险保障的捐款除外。

海洋局在作为一方当事人的任何法律程序中得享有任何立法程序授予

国家的便利和特权。

第十条

在不妨碍《巴拿马共和国宪法》授予共和国审计总署的权力的情况下，海洋局应有其自身的审计安排。

第十一条

海洋局可能需要的工程建设、财产购置或租赁、服务的提供、财产运营和管理以及行政职能的任何担负，应依据控制和调整公共合同的立法完成。

但是，政府可以通过总统办公室以规章的方式允许海洋局选择交付或完成工程建设、商品供应或服务的提供的适当时间，以便使有关公共合同的现行立法适合于海洋局提供的服务的特殊性质。

第三章　行政机构

第一节　组织结构

第十二条

海洋局的组织结构如下：

1. 董事会：

（1）管理委员会；

（2）局长；

（3）代理局长。

2. 行政服务和项目执行机构：

（1）海运司；

（2）港口和海运辅助司；

（3）海洋和海岸资源司；

（4）海员司；

（5）其他司、分司或管理委员会设立的行政单位。

3. 咨询委员会。

4. 巴拿马海洋研究所。

本条提及的所有机构的运行和内部组织应遵照本法令的规定以及在本法令的适用中所引用的规章的规定。

第十三条

按照为海洋局履行职责和行使权力的目的所通过的协定中规定的条件，海洋局可以直接或通过现有机构或将来可能设立的机构履行职责和行使权力。

考虑到巴拿马海洋局和巴拿马运河管理局将建立的合作关系，并按照《巴拿马共和国宪法》第十四条和1997年6月11日第19号法令的规定，海洋局应与巴拿马运河管理局签订为确保双方良好关系所必要的任何协定，以便履行巴拿马共和国的国际义务。巴拿马海洋局对此担负主要责任。

不言而喻的是，依据宪法规则和1997年6月11日第19号法令及其规章，本法令授予海洋局的职责和权力不妨碍巴拿马运河管理局从事与巴拿马运河的管理、运行、保护、维持和改造有关的事务或相关活动。

第二节　海洋局管理委员会

第十四条

海洋局管理委员会应由7名成员及其副手组成，即：

1. 共和国总统任命的内阁部长担任委员会主席，在其缺位的情况下，由副部长补缺。

2. 运河事务部长，在其缺位的情况下，由巴拿马运河管理局局长补缺。

3. 一名具有海洋法知识和实际经验的专家。

4. 一名在海事部门具有实际经验的商人。

5. 为海事部门培训人力资源的高级专家。

6. 航海科学方面的高级专家。

7. 海事资源管理方面的高级专家。

第3项至第7项提及的管理者及其副手应由政府任命。

这些管理者及其副手的任期为5年，并应配合局长任期，但可以连任一段时间。

仅为本法规定的原因可以将管理者从委员会免职。

<u>过渡阶段</u> 海洋局的第一届管理者应任职至2004年8月31日。

第十五条

担任海洋局管理者必须具备以下条件：

1. 具有巴拿马国籍且身体健康。

2. 年满 25 周岁。

3. 未被判处过欺诈罪或妨碍公共管理罪。

4. 在任命期间，与管理委员会的任何其他成员不具有 4 代以内血亲关系或两代以内姻亲关系。

第十六条

鉴于其地位，海洋局管理者没有工资或交际津贴，但可以获得出席管理委员会会议的工作津贴。

第十七条

管理委员会应每月至少召开一次常务会议，并且可以在局长或两名委员会成员召集下，召开特别会议。

依据程序规则，管理委员会会议应有过半数的成员出席，并且其决定应以过半数的投票通过。

第十八条

管理委员会应具备以下职责和权力：

1. 向政府建议海事部门发展政策和国家海洋战略。

2. 向政府建议在国家核算体系内确立为海洋部门的资源估价的办法，以便为促进规划和资源分配提供方法。

3. 通过行政、科学和技术政策，促进和保护海事部门的竞争力和收益以及其人力资源的发展。

4. 与其他同海事部门有直接或间接联系的公共机构合作，提供海洋局的服务。

5. 向一些主管机构建议保护和养护海洋环境所必要的措施，并与这些机构合作。

6. 审查并同意海洋局的年度计划和年度预算。

7. 管理海洋局，并通常可以采取其认为适于海事部门组织和运转的任何措施。

8. 通过海洋局的程序规则及其自身的程序规则。

9. 为海洋局提供服务所收取的规费设立一个机构以及制定规章，并且决定、确定、改变和征收该类规费。

10. 向政府建议划定海洋局行使管辖权的海洋和陆地区域界限。

11. 授权总额超过 100 万巴波亚的交易与合同。

12. 在绝对必要时，要求政府取得对特定区域的法律控制或征用，以便实现海洋局的目标。

13. 作为最终裁决机构，解决国家海洋使用者的权利主张和申诉，终结与局长提出的诉讼有关的行政追偿。

14. 监督局长的管理，确保对其行动的事前审查，并且要求局长对其行动作出说明。

15. 批准对局长提名的海洋局执行层管理和技术人员的任命。

16. 考虑巴拿马海洋研究所提出的建议。

17. 法律或规章规定的其他职能。

第十九条

若犯有欺诈罪或妨碍公共管理罪，海洋局的管理者应被停职并在必要时被免职。

该种停职或免职不妨碍任何必要的刑事制裁。

管理者也可能因为证实了身体、精神或行政上的无行为能力而通过政府决定被停职或免职。

第三节　咨询委员会

第二十条

咨询委员会由以下成员组成：

1. 海洋局副局长。

2. 在总统办公室负责科学、技术和创新（国家科学技术发展秘书处）的秘书长。

3. 外交部国际事务司司长。

4. 劳动和社会保障部国际事务司司长。

5. 巴拿马对外贸易协会秘书长。

6. 巴拿马商会主席。

7. 由劳动和社会保障部认为合适后推荐的某一巴拿马海员组织的秘书长。

第二十一条

海洋局副局长应担任咨询委员会秘书，可以将其职能授予海洋局各司司长。

第二十二条

咨询委员会应每月召开一次常务会议，或在管理委员会认为为咨询其意见所适当或必要的时候召开会议。

第二十三条

咨询委员会的职责如下：

1. 向海洋局局长建议与海事部门、海洋局职能行使以及被提交的海洋管辖权行使规章有关的事项。

2. 通过咨询委员会中海洋局和各机构代表，在海洋局和这些机构之间建立联系。

3. 就提高和发展海事部门并使之更有效的措施向局长提出动议。

4. 通过自己的程序规则。

第四节　局长和副局长

第二十四条

政府应任命海洋局局长和副局长。局长是海洋局的法定代表。在局长临时或永久缺位时，局长的职能应委托于副局长。

局长亦应负责海洋局的整个行政管理，并且在本法令要求的管理委员会授权的限制下，可以达成本法令可能要求的各种经营、交易、协定或合同。

第二十五条

担任局长或副局长必须具有以下条件：

1. 具有巴拿马国籍且身体健康。

2. 年满 25 周岁。

3. 未被判处过欺诈罪或妨碍公共管理罪。

4. 拥有海洋管理、公共管理、商业管理、国际关系、法律、经济或政治方面的大学学位，或与这些学位类似或同等的其他大学学位；或者从事与航运或海洋资源行政管理有关的工作，或与航行安全或船舶一般操作的管理或监督有关的工作满 5 年。

第二十六条

局长和副局长的任期为 5 年，并应与司长任期保持一致，但他们可以连任一段额外的时间。

过渡阶段   海洋局的第一届局长和副局长应任职至 2004 年 8 月 31 日。

第二十七条

局长的职责如下：

1. 起草并在国家核算体系内向管理委员会建议确立为海事部门的资源估价的办法，以便为促进规划和资源分配提供方法。

2. 起草海事部门的政策、规划和安排，并提交管理委员会审议。这些政策、规划和安排一旦获得管理委员会的通过，就应由相应的海洋局各司实施。

3. 编制海洋局预算草案并提交管理委员会审议。

4. 向管理委员会提交年报和任何其他应要求提交的报告。

5. 在管理委员会事前授权的限制下并依据局长的程序规则，为海洋局确定和设立任何建议、磋商、执行和合作机构。

6. 提议管理委员会任命海洋局执行层的管理和技术人员。

7. 依据法律有关规定和海洋局的程序规则，任命、调动、提拔、停职、解聘和辞退低级职员。

8. 确保海洋局各司提出的建议是各司合作的结果。

9. 在法律规定的限制下，不妨碍管理委员会事前和事后审查并遵照管理和控制公共合同的规定以及海洋局的规则，依据海洋局的职权范围达成不超过 100 万巴波亚的合同与协定并从事不超过该数额的交易和经营。

10. 出售、转让、交换或让予海洋局价值不超过 5 万巴波亚的动产和不动产。

11. 核定、记录海洋局的捐助者捐助的费用，以及核定、征收并记录海洋使用者缴纳的税费和其他收费。

12. 作为最终裁决机构，解决国家海洋使用者的权利主张和申诉，终结与局长提出的诉讼有关的行政追偿。

13. 履行并行使法律和海洋局规章规定的和政府或管理委员会授予的任何其他职责和权力。

14. 在 1990 年 7 月 11 日第 76 号内阁令设立的三方委员会中代表海洋局，

该内阁令也因此作出了相应修正。

第二十八条

若局长辞职、死亡或因其他事由造成职位空缺，副局长应暂代局长一职，直至新局长被任命或局长回职。

副局长应担负管理委员会和局长分派的职责以及海洋局的程序规章规定的职责。

第二十九条

因身体、精神或行政上的无行为能力或被判欺诈罪或违反公共管理的犯罪，局长和副局长可仅由政府依据管理委员会过半数的投票决定停职或免职。

局长或副局长的停职或免职不妨碍任何必要的刑事处罚。

第四章 海 运 司

第三十条

海运司的职责如下：

1. 独自执行与从事国家海运的船舶的登记有关的所有行政程序。

2. 授权和指派海洋局专门指定的巴拿马公共管理人员执行与船舶的临时登记以及从事国家海运的船舶的所有权和其他财产权的初步登记有关的程序。

3. 为属于国家商船的船舶所必须缴纳的税费、规费和其他费用制定计划表。

4. 接收来自海洋局海上官员征缴的所有款项以及与国家海运有关的汇款，并且如果这些官员怠行其法律和纪律上的职责，对这些官员施以处罚。

5. 在巴拿马籍船舶上，执行巴拿马缔结的有关航行安全、海上安全以及海洋污染预防和控制的国际协定所包含的国家立法和规章。

6. 亲自或通过第三方调查涉及巴拿马籍船舶或在巴拿马海域和内水中任何国家的船舶的海上事故、泄漏或污染。第三方可以是官员或私人，本国国民或外国人。

7. 执行巴拿马缔结的有关国家港口监管的国际协定所包含的国家立法

和规章。

8. 对违反有关国家海上贸易管理的法律和规章的人施以适当处罚。

9. 担负局长和海洋局管理委员会分派的其他职能。

第五章 港口和海运辅助司

第三十一条

港口和海运辅助司的职责如下：

1. 为国家港口体系的发展提出建议和进行合作，并为此采取适当行动。

2. 依据局长办公室发布的政策，为国家港口体系发展执行一般规划。

3. 依据局长办公室制定的政策，建造、改善、扩大和维护港口和公用的贸易港口设施。建筑工程可以由港口和海运辅助司自己承担，也可以由其他特定的国家机构或私人承担。

4. 提供上述提及的港口服务，并且监督和控制其未直接运营的港口和设施。

5. 运营不属于私营公司特许权范围和巴拿马运河管理局武装力量范围的国家港口和港口设施。

6. 管理和控制现有和将来可能建造的国家港口的运营特许权。

7. 改进导航设备、传送装置和靠泊装置，以便船舶在国家港口停留，以及一般地为船舶提供有效货物装卸和通常给养所要求的服务并管理港口区内的这些活动。

8. 上下、转载、存储、保管以及向收货人或其代表亲自或通过特许权人递送已装载或未装载的货物、产品或其他商品。

9. 为港口服务税费的缴纳制订适当安排。

10. 提高海运辅助业以适应巴拿马运河与港口体系交通的要求。

11. 对违反有关港口和海运辅助业管理的法律规章的人施以处罚。

12. 担负局长和海洋局管理委员会分派的其他职能。

第六章　海洋和海岸资源司

第三十二条

海洋和海岸资源司的职责如下：

1. 管理巴拿马共和国的海洋和海岸资源。

2. 设立国家可再生自然资源研究所或同等机构并与之合作。这些机构旨在以便于海洋、海岸和淡水资源的养护、维护和可持续利用的方式确保对这些资源的适当利用。

3. 依据局长办公室发布的政策，执行、指导、控制和评估海岸管理项目。

4. 确保严格遵守有关海洋和海岸资源的利用以及有关开展依赖这些资源的活动的法律和规章。

5. 建议通过适用于在巴拿马共和国管辖水域中活动的悬挂外国旗帜的渔船的渔业规章。

6. 处理为获得利用国家海洋和海岸资源的许可证所提出的申请并登记该许可证，对适当利用资源的活动设定限制条件并进行监督。

7. 促进生产部门作为管理和发展海岸区域的战略同盟的合作参与。

8. 为提高参与海洋和海岸资源管理的个人的科学和技术资质作出安排。

9. 鼓励将科学研究作为海洋和海岸资源良好管理的基本要素。

10. 与海洋局各司以及国家可再生资源研究所或其同等机构进行合作与协商，并向局长建议海洋环境保护和养护的必要措施。

11. 为有关开发和利用海洋和海岸资源的税费缴纳作出适当安排。

12. 对违反有关海洋和海岸资源管理的法律和规章的人施以处罚。

13. 确保遵守环境法律和有关管理、养护、恢复和开发海洋环境的法律。

14. 担负局长和海洋局管理委员会分派的其他职责。

第七章　海　员　司

第三十三条

海员司的职责如下：

1. 依据巴拿马共和国缔结的国际协定，执行有关海员教育、培训、资格和保护的法律。

2. 确保在航行安全方面严格遵守巴拿马籍船舶的最低配员规则。

3. 管理巴拿马航海学校。

4. 授权、控制和监督通常提供航海或海事教育的任何其他机构从事的教育和培训项目。

5. 对悬挂巴拿马旗帜的船舶的工作、生活和居住条件进行检查，以便确保严格适用关于海上和海道中工作的国内立法和巴拿马共和国缔结的国际协定。

6. 向有关当局提交书面报告，说明在进行本条第 5 项提及的检查中发现的异常和违法行为，并建议适当处罚。

7. 对与其服务有关的税费缴纳作出适当安排。

8. 担负局长和海洋局管理委员会分派的其他职责。

第八章　巴拿马海洋研究所

第三十四条

巴拿马海洋研究所应被作为海事部门中应用研究的领导机构而设立，在研究中应有海洋局的服务对象参与。

第三十五条

巴拿马海洋研究所的职责如下：

1. 为了推动海事部门的有序和持续发展，从事、促进和指导应用研究。

2. 起草并向海洋局管理委员会提交建议。

过渡阶段　海洋局管理委员会应指定 5 名成员组成研究所的第一届秘书处，其职责应是鼓励私营部门的支持，以及提议研究所的程序规则。研究所在成立之后应确定自身的组织和职能。

第九章　过 渡 条 款

第三十六条

本法一经颁布，以下政府机构和各司应作为海洋局的组成部分存在：

1. 金融和财政部的领事和航运司。

2. 贸易和工业部的海洋资源司。

3. 国家港口局。

4. 由政府并入海洋局的任何其他机构。

第三十七条

第三十六条提及的各机构的资产、权利、预算和人事应移交海洋局。海洋局应承担本法令生效时这些机构的债务责任。

政府应通过实施必要措施实现本条提及的移交，并尊重在任何情况下已经取得的权利和已经存在的特许权。

第三十八条

巴拿马航海学校的所有资产、权利、预算和人事应移交海洋局。海洋局应为本法令生效时这些机构的债务承担责任。

第三十九条

政府可以委托海洋局担负与船舶所有权权益或船舶抵押的设立、变动、解除或清偿以及附带的相关预防和临时保护措施的记录有关的公共登记职能。

政府亦可指派海洋局担负现在由国家海军执行的一部分职能，以便确保如实和全面地遵守有关巴拿马共和国海域的法律和规章。

第四十条

依据专门颁布的执行令，国家海洋委员会应负责完成即将成为本法令设立的国家海洋局组成部分的各机构和各司的移交。

第十章 最 后 条 款

第四十一条

一旦海洋局开始运作，应明确废除以下法律和法令中，与依据本法令第三十六条并入海洋局的各机构、机关和各司有关的规定：1980 年 1 月 17 日第 2 号法律、1989 年 10 月 26 日第 17 号法律、1990 年 2 月 9 日第 33 号内阁令、1995 年 7 月 6 日第 36 号法律、1974 年 5 月 2 日第 42 号法律、1982 年 2 月 11 日第 2 号法律、1969 年 7 月 16 日第 225 号内阁令、1979 年 5 月 11 日第

16 号法令以及 1971 年 10 月 5 日第 755 号法令。

本法令废除所有与之抵触的法律和规章。

第四十二条

本法令应立即施行并于公布之日起生效。

传达并公布本法。

1998 年 2 月 10 日在巴拿马城制定。

埃尔内斯托·佩雷斯·巴雅达雷斯（Ernesto Pérez Balladares）

共和国总统

治理与司法部长，

Raúl Montenegro Diviazo

在此期间的外交部长，

Olmedo David Miranda, Jr.

金融和财政部长，

Miguel Heras Castro

教育部长，

Pablo Antonio Thalassinos

公共建设工程部长，

Luis Enrique Blanco

卫生部长，

Aida Libia Moreno de Rivera

劳动和就业发展部长，

Mitchell Doens

贸易和工业部长，

Raúl Arango Gasteazoro

住房部长，

Francisco Sánchez Cardenas

农业发展部长，

Carlos A. Sousa-Lennox M.

计划和经济政策部长，

Guillermo O. Chapman, Jr.

运河事务部长，

Jorge Eduardo Ritter

青年、妇女、儿童和家庭部长，

Leonor Calderon A.

总统办公室主任和内阁委员会秘书长，

Olmedo David Miranda, Jr.

秘　鲁
Peru

（英文文本截止于 2010 年 12 月 9 日）

关于水下大陆架或岛屿陆架的第 781 号总统令
（1947 年 8 月 1 日）

1. 兹宣告国家主权和管辖权及于邻接国家领土的大陆或岛屿沿岸的水下陆架或岛屿陆架，不论该陆架的深度和宽度如何。

2. 国家主权和管辖权及于邻接国家领土沿岸的水域，不论如何，其深度和宽度对保存、保护、维持和利用在该水域之中或之下可能发现的自然资源和任何财富是必要的。

3. 基于以前的宣告，国家保留划定自然资源（该自然资源处于秘鲁政府控制的大陆或岛屿海域中）控制区和保护区的界限的权利，并且保留依据今后的发现、研究和可能产生的国家利益所引起的变化对该类界限进行修改的权利。同时，宣告秘鲁将对邻接秘鲁海岸的海域行使同样的控制和保护的权利，这里的海域处于海岸和在地理上与海岸平行并且距离海岸 200 海里的虚拟线之间。对属于秘鲁的岛屿，此划界应从这些岛屿外缘各点量起延伸至 200 海里的距离。

4. 本宣告不妨碍所有国家依据国际法享有的船舶航行自由权。

第 11780 号石油法
（1952 年 3 月 12 日）

....

第十四条

....

1. 大陆架。该区域位于海岸带西部边界和向海划出的与大陆沿岸低潮线的平行距离为 200 海里的虚拟线之间。

第 18880 号立法令——普通矿业法
（1971 年 6 月 8 日）

第一条　基本权利

本立法令及于与开发国家领土以及距离海岸 200 海里内的海域、大陆架、海床及其底土中的矿产资源有关的所有事物，但石油与类似碳氢化合物、海鸟粪矿床和医用矿物水除外。

不论矿床中可能含有何种物质，它都是国家不可分割和不可侵犯的财产。

秘鲁政治宪法
（1993 年 12 月 29 日颁布）

....

第五十四条

共和国领土不可侵犯，包括陆地、底土、海域和上空。

国家海域包括邻接海岸且从法律规定的基线量起 200 海里的水域及其

海床和底土。秘鲁在不妨碍国际交通自由的情况下，依据国家的法律和签署的条约行使主权和管辖权。

国家在不妨碍国际交通自由的情况下，依据国家的法律和签署的条约，对领土和 200 海里的邻接海域行使主权和管辖权。

…………

第 28621 号法律——秘鲁海域基线法
（2005 年 11 月 3 日）

共和国总统

鉴于

共和国国会已颁布以下法律：

秘鲁海域基线法

第一条　法律宗旨

本法依据《秘鲁政治宪法》第五十四条并遵照国际法，确定测量宽度为 200 海里且由秘鲁共和国行使主权和管辖权的国家海域的基线。

第二条　基线的确定

基线通过附件一所列地理坐标确定。它起始于北部的纬度为南纬 03°23′33.96″、经度为西经 80°19′16.31″（按照 1984 年世界大地测量系统，纬度为南纬 03°23′31.10″、经度为西经 80°18′49.29″）的坐标点，并终止于南部的按照 1984 年世界大地测量系统的纬度为南纬 18°21′08″、经度为西经 70°22′39″ 的坐标点。这些坐标在本法附件二的第 6 份海图上标出。

第三条　内水

依据国际法，位于本法第一条确定的基线内侧的水域是国家内水的组成部分。

第四条　外部界限

按照《秘鲁政治宪法》，秘鲁海域的外部界限应依据国际法确立的划界标准按这样的方式划定，即其上各点与基线上最近点距离 200 海里。

第五条　外部界限的精细制图

政府负责依据本法第四条详细绘制海域外部界限的地图。

第六条　组成本法的附件一和附件二

附件一和附件二是本法的组成部分。

第七条

本法于政府公报《秘鲁人报》公布之日生效。任何之前的法律规定如与本法相抵触，或废除、或无效、或修改。

将本法通知共和国总统，以便本法的颁布。

利马，2005 年 11 月 3 日

马西亚尔·阿亚伊波马·阿尔瓦拉多（Marcial Ayaipoma Alvarado）

共和国国会议长

福斯托·阿尔瓦拉多·多德洛（Fausto Alvarado Dodero）

共和国国会第一副议长

致共和国宪法总统

因此：

共和国总统命令公布和执行本法。

于 2005 年 11 月 3 日在利马的总统府发布。

亚历杭德罗·托莱多·曼里克（Alejandro Toledo）

共和国宪法总统

佩德罗·巴勃罗·库琴斯基·戈达尔（Pedro Pablo Kuczynski Godard）

内阁总理

附件一
秘鲁沿海基线体系构成点坐标表（1984 年世界大地测量系统）
（由基线技术委员会提供）

编号	地　名	纬　度	经　度	点的特征	路线编号
1	Punto de frontera en la Boca de Capones	03°23′31.10″S	80°18′49.29″W	Terminus norte Punto de LB normal	PC–LB01
2	Punta Cherres	03°29′10.6″S	80°26′54.8″W	Punto de LB normal	PC–LB01
3	Punta Malpelo	03°30′13.6″S	80°30′20.7″W	Punto de LB normal	PC–LB01
4	Playa Hermosa	03°33′48.1″S	80°32′00.0″W	Punto de LB normal	PC–LB01
5	Caleta La Cruz	03°38′07.7″S	80°36′14.2″W	Punto de LB normal	PC–LB01
6	Playa Santa Rosa	03°39′58.5″S	80°39′26.1″W	Punto de LB normal	PC–LB01
7	Playa Los Pinos	03°40′42.9″S	80°40′57.1″W	Punto de LB normal	PC–LB01
8	Playa Bocapán	03°42′24.6″S	80°44′00.2″W	Punto de LB normal	PC–LB01
9	Punta Cardo Grande	03°43′03.8″S	80°45′16.2″W	Punto de LB normal	PC–LB01
10	Puntas Picos	03°44′57.1″S	80°47′18.1″W	Punto de LB normal	PC–LB01
11	Quebrada Sandías	03°46′29.2″S	80°48′06.2″W	Punto de LB normal	PC–LB01
12	Playa Palo Santo	03°48′13.0″S	80°48′56.4″W	Punto de LB normal	PC–LB01
13	Quebrada Lavejal	03°50′13.6″S	80°49′46.2″W	Punto de LB normal	PC–LB01
14	Punta Mero	03°54′22.2″S	80°52′55.5″W	Punto de LB normal	PC–LB01
15	Quebrada Curo	03°55′41.4″S	80°54′48.2″W	Punto de LB normal	PC–LB01
16	Muelle Cancas	03°56′38.3″S	80°56′25.2″W	Punto de LB normal	PC–LB01
17	Punta Sal Chico	03°57′31.2″S	80°57′51.1″W	Punto de LB normal	PC–LB01
18	Punta Sal	03°59′03.4″S	80°59′12.4″W	Punto de LB normal	PC–LB01
19	Playa El Bravo	04°00′18.1″S	80°59′45.0″W	Punto de LB normal	PC–LB01
20	Punta Mancora	04°06′38.1″S	81°04′29.5″W	Punto de LB normal	PC–LB01
21	Punta Peña Mala	04°07′44.9″S	81°06′04.9″W	Punto de LB normal	PC–LB01
22	Punta Los Organos	04°10′42.4″S	81°08′45.7″W	Punto de LB normal	PC–LB01
23	Muelle Las Animas	04°13′29.9″S	81°12′11.2″W	Punto de LB normal	PC–LB01
24	Punta Cabo Blanco	04°15′00.6″S	81°14′21.2″W	Punto de LB normal	PC–LB01
25	Punta Peña Negra	04°16′39.0″S	81°15′17.5″W	Punto de LB normal contribuyente 200 mn.	PC–LB01
26	Punta Restín	04°18′31.6″S	81°15′39.9″W	Punto de LB normal	PC–LB01

续　表

编号	地　名	纬　度	经　度	点的特征	路线编号
27	Punta Lobos	04°27′33.3″S	81°18′03.4″W	Punto de LB normal contribuyente 200 mn.	PC–LB01
28	Punta Yapato	04°28′48.7″S	81°18′18.8″W	Punto de LB normal contribuyente 200 mn.	PC–LB01
29	Punta Pariñas	04°40′07.0″S	81°19′42.1″W	Punto de LB normal contribuyente 200 mn.	PC–LB01
30	Punta Balcones	04°41′00.0″S	81°19′43.4″W	Punto de LB normal contribuyente 200 mn.	PC–LB01
31	Isla Foca, extremo norte	05°12′14.4″S	81°12′48.5″W	Punto de giro Sistema LB recta 1 contribuyente 200mn.	PC–LB01,02
32	Punta Falsa	05°53′22.4″S	81°09′06.4″W	Punto de giro final Sistema LB recta 1	PC–LB02
33	Roca frente a punta Nac	05°56′57.2″S	81°09′10.1″W	Punto de LB normal contribuyente 200 mn.	PC–LB02
34	Punta Tur	05°58′43.0″S	81°09′03.6″W	Punto de LB normal contribuyente 200 mn.	PC–LB02
35	Playa al sur de punta Tur 1	06°00′38.2″S	81°08′25.2″W	Punto de LB normal	PC–LB02
36	Playa al sur de punta Tur 2	06°01′20.1″S	81°07′58.0″W	Punto de LB normal	PC–LB02
37	Punta La Negra	06°03′14.0″S	81°06′56.1″W	Punto de LB normal	PC–LB02
38	Punta La Negra, extreme sur	06°03′41.7″S	81°06′44.8″W	Punto de giro inicial Sistema LB recta 2 contribuyente 200 mn.	PC–LB02
39	Islote León（integrante de la isla Lobos de Tierra）	06°26′07.5″S	80°52′55.7″W	Punto de giro Sistema LB recta 2	PC–LB02
40	Isla Santo Domingo（integrante de las islas Lobos deAfuera）	06°55′27.1″S	80°44′28.8″W	Punto de giro Sistema LB recta 2 contribuyente 200 mn.	PC–LB02
41	Islas Lobos de Afuera	06°56′51.2″S	80°43′47.2″W	Punto de giro Sistema LB recta 2 contribuyente 200 mn.	PC–LB02

编号	地　名	纬　度	经　度	点的特征	路线编号
42	Isla Chichal de Afuera（integrante de las islas Lobos de Afuera）	06°57′29.7″S	80°42′59.6″W	Punto de giro Sistema LB recta 2 contribuyente 200 mn.	PC–LB02
43	Punta Eten	06°56′57.9″S	79°51′58.4″W	Punto de giro final Sistema LB recta 2	PC–LB02
44	Punta Eten,extremo sur	06°57′20.4″S	79°51′26.3″W	Punto de LB normal	PC–LB02
45	Playa de Lobos 1	06°58′51.7″S	79°49′29.6″W	Punto de LB normal	PC–LB02
46	Playa de Lobos 2	07°00′29.9″S	79°47′36.6″W	Punto de LB normal	PC–LB02
47	Playa de Lobos 3	07°02′10.8″S	79°45′48.3″W	Punto de LB normal	PC–LB02
48	Punta Calanloche	07°04′04.4″S	79°44′10.6″W	Punto de LB normal	PC–LB02
49	Punta Cherrepe	07°10′34.7″S	79°41′34.2″W	Punto de LB normal	PC–LB02
50	Playa al sur del Río Seco 1	07°12′13.0″S	79°40′00.6″W	Punto de LB normal	PC–LB02
51	Playa al sur del Río Seco 2	07°13′27.7″S	79°38′45.8″W	Punto de LB normal	PC–LB02
52	Al sur de Boca del Río	07°20′36.0″S	79°35′25.3″W	Punto de LB normal	PC–LB02
53	Al oeste de El Cerro	07°21′04.4″S	79°35′21.8″W	Punto de LB normal	PC–LB02
54	Punta Pacasmayo	07°24′53.9″S	79°35′20.5″W	Punto de LB normal	PC–LB02
55	Playa El Gráfico 1	07°25′11.8″S	79°35′21.3″W	Punto de LB normal	PC–LB02
56	Playa El Gráfico 2	07°26′04.2″S	79°35′04.5″W	Punto de LB normal	PC–LB02
57	Playa El Milagro	07°27′47.8″S	79°34′34.2″W	Punto de LB normal	PC–LB02
58	Punta Puémape	07°31′24.8″S	79°32′23.9″W	Punto de LB normal	PC–LB02
59	Playa Pućmape	07°33′14.8″S	79°30′45.3″W	Punto de LB normal	PC–LB02
60	Punta Urricape	07°34′42.9″S	79°29′45.0″W	Punto de LB normal	PC–LB02
61	Punta Malabrigo	07°42′40.7″S	79°28′07.5″W	Punto de LB normal	PC–LB02
62	Islas Macabí	07°48′54.4″S	79°30′02.2″W	Punto de LB normal contribuyente 200 mn.	PC–LB02
63	Playa La Ahogada	07°52′57.6″S	79°20′33.6″W	Punto de LB normal	PC–LB02
64	Punta Prieta	07°55′31.6″S	79°18′27.6″W	Punto de LB normal	PC–LB02
65	Playa La Bocana	07°57′07.8″S	79°16′26.2″W	Punto de LB normal	PC–LB02

续 表

编号	地 名	纬 度	经 度	点的特征	路线编号
66	El Charco	07°58′33.9″S	79°14′25.2″W	Punto de LB normal	PC–LB02
67	Playa El Charco	08°00′08.8″S	79°12′21.4″W	Punto de LB normal	PC–LB02
68	Playa Los Tres Palos	08°01′38.8″S	79°10′19.5″W	Punto de LB normal	PC–LB02
69	Playa Huanchaquito 1	08°05′47.5″ S	79°07′01.3″W	Punto de LB normal	PC–LB02
70	Playa Huanchaquito 2	08°07′32.9″S	79°04′50.7″W	Punto de LB normal	PC–LB02
71	Playa Buenos Aires	08°09′19.3″S	79°02′41.1″W	Punto de LB normal	PC–LB02
72	Molo retenedor sur del Puerto Salaverry	08°14′03.6″S	78°59′30.8″W	Punto de giro Inicial Sistema LB recta 3	PC–LB02, 03
73	Rocas Leones	08°31′26.1″S	78°58′32.6″W	Punto de giro Sistema LB recta 3	PC–LB03
74	Isla Guañape Sur punto 1	08°33′57.7″S	78°58′12.3″W	Punto de giro Sistema LB recta 3 contribuyente 200 mn.	PC–LB03
75	Isla Guañape Sur punto 2	08°34′01.4″S	78°58′11.3″W	Punto de giro Sistema LB recta 3	PC–LB03
76	Islas Chao	08°45′37.1″S	78°47′45.3″W	Punto de giro Sistema LB recta 3	PC–LB03
77	Islote Corcovado	08°56′27.9″S	78°41′51.1″W	Punto de giro Sistema LB recta 3	PC–LB03
78	Islotes Mesías	09°02′36.4″S	78°41′17.1″W	Punto de giro Sistema LB recta 3 contribuyente 200 mn.	PC–LB03
79	Isla Ferrol del Medio	09°09′03.5″S	78°37′17.1″W	Punto de giro Sistema LB recta 3 contribuyente 200 mn.	PC–LB03
80	Punta Gorda	09°10′36.1″S	78°36′35.8″W	Punto de giro Sistema LB recta 3 contribuyente 200 mn.	PC–LB03
81	Isla Redonda	09°14′28.5″S	78°33′38.4″W	Punto de giro Sistema LB recta 3	PC–LB03
82	Isla Los Chimús	09°20′57.9″S	78°28′18.9″W	Punto de giro Sistema LB recta 3	PC–LB03

编号	地　名	纬　度	经　度	点的特征	路线编号
83	Islote Roca Negra	09°26′15.0″S	78°25′44.5″W	Punto de giro Sistema LB recta 3	PC–LB03
84	Punta Salitre	09°30′09.3″S	78°23′46.7″W	Punto de giro Sistema LB recta 3	PC–LB03
85	Punta El Frío	09°31′53.4″S	78°23′35.0″W	Punto de LB normal	PC–LB03
86	Islotes El Mongoncillo	09°36′12.9″S	78°22′29.4″W	Punto de LB normal	PC–LB03
87	Punta Huaro	09°37′39.8″S	78°22′09.3″W	Punto de LB normal contribuyente 200 mn.	PC–LB03
88	Islotes frente a punta La Gramita	09°43′30.7″S	78°18′02.6″W	Punto de LB normal	PC–LB03
89	Islotes Cornejo	09°52′13.5″S	78°15′20.6″W	Punto de LB normal	PC–LB03
90	Punta Culebras	09°57′04.4″S	78°14′04.1″W	Punto de LB normal	PC–LB03
91	Punta Tuquillo	10°01′06.9″S	78°11′51.0″W	Punto de LB normal	PC–LB03
92	Punta Cabeza de Lagarto	10°06′34.0″S	78°11′08.4″W	Punto de LB normal contribuyente 200 mn.	PC–LB03
93	Punta Los Callejones	10°08′44.6″S	78°09′52.7″W	Punto de LB normal	PC–LB03
94	Punta Tres Viudas	10°09′49.6″S	78°08′53.7″W	Punto de LB normal	PC–LB03
95	Punta Las Mesas	10°10′01.0″S	78°08′34.3″W	Punto de LB normal	PC–LB03
96	Punta Las Zorras	10°16′29.8″S	78°05′15.1″W	Punto de LB normal	PC–LB03
97	Punta al suroeste del Cerro Los Médanos	10°20′42.8″S	78°03′20.4″W	Punto de LB normal	PC–LB03
98	Punta Tiro Alto	10°24′33.2″S	78°00′53.4″W	Punto de LB normal	PC–LB03
99	Punta Colorado Grande	10°29′31.6″S	77°57′59.4″W	Punto de LB normal	PC–LB03
100	Punta Bermejo	10°34′05.1″S	77°54′34.3″W	Punto de LB normal	PC–LB03
101	Islote Litera	10°37′02.0″S	77°53′31.2″W	Punto de LB normal	PC–LB03
102	Punta Paramonguilla	10°38′53.7″S	77°51′41.4″W	Punto de LB normal	PC–LB03
103	Playa Totoral 1	10°39′50.7″S	77°50′53.2″W	Punto de LB normal	PC–LB03
104	Playa Totoral 2	10°40′07.6″S	77°50′37.9″W	Punto de LB normal	PC–LB03
105	Punta Guamayo	10°43′30.4″S	77°48′19.4″W	Punto de LB normal	PC–LB03
106	Roca frente a punta El Aspero	10°49′17.2″S	77°45′05.2″W	Punto de LB normal	PC–LB03

续 表

编号	地 名	纬 度	经 度	点的特征	路线编号
107	Punta Viños Grande	10°53′09.6″S	77°42′13.0″W	Punto de giro inicial Sistema LB recta 4	PC–LB03,04
108	Islote Don Martín	11°01′09.9″S	77°40′27.3″W	Punto de giro inicial Sistema LB recta 4	PC–LB03,04
109	Islote Pelado	11°26′34.6″S	77°50′43.8″W	Punto de giro Sistema LB recta 4 contribuyente 200 mn.	PC–LB04
110	Isla Hormigas de Afuera,norte	11°57′26.1″S	77°44′01.0″W	Punto de giro Sistema LB recta 4 contribuyente 200 mn.	PC–LB04
111	Isla Hormigas de Afuera,sur	11°57′29.5″S	77°43′57.7″W	Punto de giro Sistema LB recta 4 contribuyente 200 mn.	PC–LB04
112	Islotes Palominos	12°08′06.4″S	77°14′06.6″W	Punto de giro Sistema LB recta 4	PC–LB04
113	Farallones El Corcovado	12°19′24.4″S	76°53′25.7″W	Punto de giro Sistema LB recta 4	PC–LB04
114	Punta Chilca	12°30′32.6″S	76°48′14.3″W	Punto de giro Sistema LB recta 4	PC–LB04
115	Punta Ñave	12°31′14.1″S	76°47′04.1″W	Punto de LB normal	PC–LB04
116	Islote Cerro Blanco	12°35′34.7″S	76°42′32.0″W	Punto de LB normal	PC–LB04
117	Roca frente a punta El Quemado	12°39′49.7″S	76°40′22.8″W	Punto de LB normal	PC–LB04
118	Roca al sur de islote Las Animas	12°42′06.3″S	76°39′23.9″W	Punto de LB normal	PC–LB04
119	Isla Asia, norte	12°47′31.6″S	76°37′41.0″W	Punto de LB normal	PC–LB04
120	Isla Asia, sur	12°47′47.3″S	76°37′32.5″W	Punto de LB normal	PC–LB04
121	Roca frente a punta Lobería	12°57′14.0″S	76°31′15.6″W	Punto de LB normal	PC–LB04
122	Islote Lobos	12°59′16.9″S	76°30′24.4″W	Punto de LB normal	PC–LB04
123	Punta Centinela	13°01′48.9″S	76°29′25.4″W	Punto de LB normal	PC–LB04
124	Playa Hermosa 1	13°03′29.4″S	76°27′56.8″W	Punto de LB normal	PC–LB04
125	Playa Hermosa 2	13°04′41.4″S	76°26′49.2″W	Punto de LB normal	PC–LB04
126	Playa Hermosa 3	13°05′25.8″S	76°26′11.3″W	Punto de LB normal	PC–LB04

编号	地　名	纬　度	经　度	点的特征	路线编号
127	Playa Hermosa 4	13°06′57.3″S	76°24′48.8″W	Punto de LB normal	PC–LB04
128	Punta Iguana	13°08′47.2″S	76°23′27.7″W	Punto de LB normal	PC–LB04
129	Playa Mulata 1	13°11′30.9″S	76°21′19.6″W	Punto de LB normal	PC–LB04
130	Playa Mulata 2	13°13′11.4″S	76°19′53.4″W	Punto de LB normal	PC–LB04
131	Playa Melchorita 1	13°14′40.6″S	76°18′37.3″W	Punto de LB normal	PC–LB04
132	Playa Melchorita 2	13°15′41.0″S	76°17′43.6″W	Punto de LB normal	PC–LB04
133	Playa del Zorro	13°17′12.2″S	76°16′27.0″W	Punto de LB normal	PC–LB04
134	Playa Jaguay	13°19′27.3″S	76°14′45.0″W	Punto de giro inicial Sistema LB recta 5	PC–LB04
135	Isla Chincha del Norte	13°37′24.9″S	76°24′04.7″W	Punto de giro inicial Sistema LB recta 5	PC–LB04
136	Islote Goleta	13°39′38.0″S	76°24′54.7″W	Punto de giro inicial Sistema LB recta 5	PC–LB04
137	Islote Dos Hermanas	13°50′29.5″S	76°28′06.6″W	Punto de giro inicial Sistema LB recta 5 contribuyente 200 mn.	PC–LB04
138	Punta Quebraleña en Isla San Gallan	13°51′05.8″S	76°28′02.1″W	Punto de giro inicial Sistema LB recta 5	PC–LB04
139	Punta Sacasemita	14°09′46.0″S	76°17′37.2″W	Punto de giro inicial Sistema LB recta 5	PC–LB04
140	Roca al sur de punta Carretas	14°12′20.4″S	76°17′37.2″W	Punto de giro inicial Sistema LB recta 5 contribuyente 200 mn.	PC–LB04
141	Isla Independencia	14°17′02.4″S	76°12′32.2″W	Punto de giro inicial Sistema LB recta 5 contribuyente 200 mn.	PC–LB04
142	Roca al ocste de morro Quemado	14°20′55.8″S	76°08′15.7″W	Punto de giro inicial Sistema LB recta 5	PC–LB04
143	Roca frente a punta Caimán	14°25′39.9″S	76°02′42.4″W	Punto de LB normal	PC–LB04
144	Punta Azúa	14°31′32.6″S	75°58′31.8″W	Punto de LB normal	PC–LB04
145	Punta Doña María Francisca	14°39′35.0″S	75°55′00.2″W	Punto de LB normal contribuyente 200 mn.	PC–LB04
146	Islotes Infiernillos	14°39′36.0″S	75°55′32.8″W	Punto de LB normal	PC–LB04

编号	地　名	纬　度	经　度	点的特征	路线编号
147	Punta Lomitas	14°43′01.5″S	75°51′25.5″W	Punto de LB normal contribuyente 200 mn.	PC–LB04,05
148	Playa Lomitas 1	14°43′50.7″S	75°49′27.2″W	Punto de LB normal	PC–LB05
149	Playa Lomitas 2	14°44′21.4″S	75°48′15.8″W	Punto de LB normal	PC–LB05
150	Punta Olleros	14°47′01.4″S	75°44′23.2″W	Punto de LB normal	PC–LB05
151	Roca frente a La Rinconada	14°49′11.7″S	75°41′08.8″W	Punto de LB normal	PC–LB05
152	Playa La Rinconada 1	14°50′40.2″S	75°37′33.0″W	Punto de LB normal	PC–LB05
153	Playa La Rinconada 2	14°51′14.9″S	75°36′21.4″W	Punto de LB normal	PC–LB05
154	Roca frente a Cabo Nazca	14°58′05.2″S	75°30′17.1″W	Punto de LB normal	PC–LB05
155	Punta Cerro San Fernando	15°04′05.5″S	75°24′35.5″W	Punto de LB normal	PC–LB05
156	Punta Santa Ana	15°08′57.0″S	75°22′26.0″W	Punto de LB normal	PC–LB05
157	Punta San Fernando	15°09′30.3″S	75°20′57.2″W	Punto de cierre de bahía	PC–LB05
158	Punta San Nicolás	15°14′56.4″S	75°15′48.2″W	Punto de cierre de bahía	PC–LB05
159	Punta La Salina	15°17′38.4″S	75°15′48.2″W	Punto de cierre de bahía	PC–LB05
160	Punta San Juan	15°22′04.3″S	75°11′36.6″W	Punto de cierre de bahía contribuyente 200 mn.	PC–LB05
161	Punta Chiquerío	15°24′28.8″S	75°08′30.9″W	Punto de cierre de bahía contribuyente 200 mn.	PC–LB05
162	Punta Penotes	15°26′35.3″S	75°04′20.7″W	Punto de LB normal	PC–LB05
163	Punta Cachucho	15°29′33.4″S	74°58′25.2″W	Punto de LB normal	PC–LB05
164	Punta Lomas	15°34′25.6″S	74°51′19.0″W	Punto de cierre de bahía contribuyente 200 mn.	PC–LB05
165	Playa Brava de Lomas 1	15°35′40.4″S	74°46′01.1″W	Punto de LB normal	PC–LB05

编号	地　名	纬　度	经　度	点的特征	路线编号
166	Playa Brava de Lomas 2	15°36′10.0″S	74°45′01.8″W	Punto de LB normal	PC–LB05
167	Punta Chaviña	15°38′35.6″S	74°41′12.3″W	Punto de LB normal	PC–LB05
168	Playa Yauca 1	15°39′37.8″S	74°38′47.1″W	Punto de LB normal	PC–LB05
169	Playa Yauca 2	15°40′20.9″S	74°36′34.6″W	Punto de LB normal	PC–LB05
170	Playa Yauca 3	15°41′17.3″S	74°34′12.1″W	Punto de LB normal	PC–LB05
171	Norte de quebrada Agua Salada	15°47′36.1″S	74°26′24.8″W	Punto de LB normal	PC–LB05
172	Sur de quebrada Agua Salada	15°48′40.7″S	74°25′22.0″W	Punto de LB normal	PC–LB05
173	Punta Chala	15°49′49.7″S	74°23′44.9″W	Punto de LB normal contribuyente 200 mn.	PC–LB05
174	Punta Quiguay	15°50′08.8″S	74°21′01.4″W	Punto de LB normal	PC–LB05
175	Norte de la quebrada Huambo	15°50′38.5″S	74°21′01.4″W	Punto de LB normal	PC–LB05
176	Suroeste de la quebrada de La Vaca	15°50′57.4″S	74°19′39.7″W	Punto de LB normal	PC–LB05
177	Punta Cerro El Faro	15°52′40.3″S	74°14′28.2″W	Punto de LB normal	PC–LB05
178	Quebrada Tarrillo	15°53′16.8″S	74°12′42.1″W	Punto de LB normal	PC–LB05
179	Playa Millo	15°54′43.6″S	74°08′31.8″W	Punto de LB normal	PC–LB05
180	Playa Pedregoza	15°55′20.4″S	74°07′23.1″W	Punto de LB normal	PC–LB05
181	Punta Pascana Brava	16°00′57.5″S	74°02′00.6″W	Punto de LB normal	PC–LB05
182	Punta Guanera	16°02′04.7″S	74°01′09.3″W	Punto de LB normal	PC–LB05
183	Punta Gato	16°04′30.6″S	73°57′13.0″W	Punto de LB normal	PC–LB05
184	Punta Lobos	16°06′23.0″S	73°54′10.0″W	Punto de LB normal	PC–LB05
185	Playa Los Troncos	16°08′13.5″S	73°52′09.4″W	Punto de LB normal contribuyente 200 mn.	PC–LB05
186	Punta Piedra Blanca	16°09′37.4″S	73°49′43.2″W	Punto de LB normal	PC–LB05
187	Playa Bandurrias	16°10′07.0″S	73°48′05.2″W	Punto de LB normal	PC–LB05
188	Punta Atico	16°14′43.4″S	73°42′03.7″W	Punto de LB normal contribuyente 200 mn.	PC–LB05
189	Punta del Morrillo	16°14′58.3″S	73°34′06.4″W	Punto de LB normal	PC–LB05

编号	地　名	纬　度	经　度	点的特征	路线编号
190	Punta Oscuyo	16°17′06.0″S	73°28′55.0″W	Punto de LB normal	PC–LB05
191	Punta Los Angelitos	16°18′29.4″S	73°23′30.3″W	Punto de LB normal	PC–LB05
192	Punta Pescadores	16°24′20.3″S	73°17′31.9″W	Punto de LB normal contribuyente 200 mn.	PC–LB05
193	Punta El Arco	16°25′05.9″S	73°14′05.9″W	Punto de LB normal	PC–LB05
194	Callejón de Chinchipaico	16°26′57.5″S	73°07′54.6″W	Punto de LB normal	PC–LB05
195	Punta Leandas	16°29′49.1″S	73°03′08.2″W	Punto de LB normal	PC–LB05，06
196	Punta El Aragón	16°29′56.6″S	73°02′52.3″W	Punto de LB normal contribuyente 200 mn.	PC–LB06
197	Punta Pochoca	16°30′36.4″S	73°00′44.7″W	Punto de LB normal	PC–LB06
198	Punta Loro	16°30′56.1″S	72°59′05.5″W	Punto de LB normal	PC–LB06
199	Punta Santa Elena	16°31′02.3″S	72°58′13.0″W	Punto de LB normal	PC–LB06
200	Playa Jahuay 1	16°33′30.8″S	72°51′32.0″W	Punto de LB normal	PC–LB06
201	Playa Jahuay 2	16°34′31.9″S	72°50′11.3″W	Punto de LB normal	PC–LB06
202	Playa de Pucchún 1	16°35′56.4″S	72°48′35.9″W	Punto de LB normal	PC–LB06
203	Playa de Pucchún 2	16°37′00.1″S	72°47′16.6″W	Punto de LB normal	PC–LB06
204	Playa de Pucchún 3	16°37′40.8″S	72°46′18.4″W	Punto de LB normal contribuyente 200 mn.	PC–LB06
205	Sureste de la desembocadura del Río Camaná	16°38′08.1″S	72°45′27.5″W	Punto de LB normal	PC–LB06
206	Noroeste de La Laguna	16°38′31.2″S	72°44′24.9″W	Punto de LB normal	PC–LB06
207	La Laguna	16°38′53.1″S	72°43′24.4″W	Punto de LB normal	PC–LB06
208	Playa El Chorro	16°39′14.9″S	72°41′44.3″W	Punto de LB normal	PC–LB06
209	Playa La Punta	16°39′29.2″S	72°40′05.8″W	Punto de LB normal	PC–LB06
210	Playa Los Cerrillos	16°39′37.8″S	72°38′34.8″W	Punto de LB normal	PC–LB06
211	Playa Las Cuevas 1	16°39′46.8″S	72°37′27.8″W	Punto de LB normal	PC–LB06
212	Playa Las Cuevas 2	16°39′58.6″S	72°36′13.9″W	Punto de LB normal	PC–LB06
213	Punta Pano	16°40′24.5″S	72°34′21.0″W	Punto de LB normal	PC–LB06

编号	地　名	纬　度	经　度	点的特征	路线编号
214	Playa Quilca 1	16°40′51.6″S	72°32′11.0″W	Punto de LB normal	PC–LB06
215	Playa Quilca 2	16°41′19.1″S	72°30′25.5″W	Punto de LB normal	PC–LB06
216	Punta Huagín	16°45′09.0″S	72°23′55.0″W	Punto de LB normal	PC–LB06
217	Punta Hornillos	16°52′31.4″S	72°17′23.0″W	Punto de LB normal	PC–LB06
218	Punta Quebrada Honda	16°55′35.6″S	72°11′54.3″W	Punto de LB normal	PC–LB06
219	Punta La Condenada	16°56′10.2″S	72°11′09.3″W	Punto de LB normal	PC–LB06
220	Punta Islay	17°00′56.8″S	72°06′44.2″W	Punto de LB normal contribuyente 200 mn.	PC–LB06
221	Playa Las Rocas 1	17°02′52.6″S	71°59′02.1″W	Punto de LB normal	PC–LB06
222	Playa Las Rocas 2	17°03′28.6″S	71°57′58.5″W	Punto de LB normal	PC–LB06
223	Playa La Punta 2	17°07′22.4″S	71°53′42.1″W	Punto de LB normal	PC–LB06
224	Playa La Punta 3	17°08′17.0″S	71°52′51.1″W	Punto de LB normal	PC–LB06
225	Playa La Punta 4	17°09′33.2″S	71°51′27.9″W	Punto de LB normal	PC–LB06
226	Playa La Punta 5	17°10′17.4″S	71°50′23.2″W	Punto de LB normal	PC–LB06
227	Playa La Punta 6	17°10′58.3″S	71°49′02.4″W	Punto de LB normal	PC–LB06
228	Playa La Punta 7	17°11′15.8″S	71°48′16.8″W	Punto de LB normal	PC–LB06
229	Playa La Punta 8	17°11′31.3″S	71°47′23.6″W	Punto de LB normal	PC–LB06
230	Playa La Punta 9	17°11′39.9″S	71°46′44.6″W	Punto de LB normal	PC–LB06
231	Playa La Punta 10	17°11′57.2″S	71°45′10.6″W	Punto de LB normal	PC–LB06
232	Playa La Punta 10	17°12′19.3″S	71°43′04.7″W	Punto de LB normal	PC–LB06
233	Playa La Punta 10	17°12′54.0″S	71°40′53.1″W	Punto de LB normal	PC–LB06
234	Playa La Punta 10	17°13′36.7″S	71°38′51.2″W	Punto de LB normal	PC–LB06
235	Playa La Punta 10	17°14′06.9″S	71°37′32.0″W	Punto de LB normal	PC–LB06
236	Punta Corio	17°14′56.1″S	71°35′42.6″W	Punto de LB normal	PC–LB06
237	Punta Playuelas	17°15′39.0″S	71°33′51.4″W	Punto de LB normal	PC–LB06
238	Punta Yerba Buena	17°19′21.7″S	71°28′33.4″W	Punto de LB normal	PC–LB06
239	Punta La Apacheta	17°22′05.9″S	71°25′54.9″W	Punto de LB normal	PC–LB06
240	Playa Lastaya 1	17°26′35.7″S	71°22′56.4″W	Punto de LB normal	PC–LB06
241	Playa Lastaya 2	17°26′58.1″S	71°22′52.7″W	Punto de LB normal	PC–LB06

编号	地　名	纬　度	经　度	点的特征	路线编号
242	Punta Sopladera	17°31′10.5″S	71°22′09.5″W	Punto de LB normal	PC–LB06
243	Playa Las Enfermeras	17°32′47.9″S	71°21′59.3″W	Punto de LB normal	PC–LB06
244	Punta Coles	17°42′28.2″S	71°22′56.8″W	Punto de LB normal contribuyente 200 mn.	PC–LB06
245	Playa del Palo 1	17°42′11.5″S	71°19′47.9″W	Punto de LB normal	PC–LB06
246	Playa del Palo 2	17°43′40.3″S	71°17′03.1″W	Punto de LB normal	PC–LB06
247	Playa del Palo 3	17°45′07.7″S	71°14′17.3″W	Punto de LB normal	PC–LB06
248	Muelle Enersur	17°47′13.4″S	71°11′57.3″W	Punto de LB normal	PC–LB06
249	Punta Chambali	17°48′37.1″S	71°10′09.0″W	Punto de LB normal	PC–LB06
250	Punta Chorrillos	17°48′57.5″S	71°09′49.4″W	Punto de LB normal	PC–LB06
251	Punta Picata	17°52′06.0″S	71°05′53.5″W	Punto de LB normal	PC–LB06
252	Punta Camajuata	18°00′36.7″S	70°53′16.3″W	Punto de LB normal	PC–LB06
253	Punta Gallinazos	18°01′59.4″S	70°50′38.5″W	Punto de LB normal	PC–LB06
254	Punta Mesa	18°02′56.9″S	70°48′47.2″W	Punto de LB normal	PC–LB06
255	Punta Gentilar	18°05′32.4″S	70°45′17.0″W	Punto de LB normal	PC–LB06
256	Vila Vila	18°07′06.4″S	70°43′45.5″W	Punto de LB normal	PC–LB06
257	Playa Los Hornos	18°08′16.7″S	70°42′30.1″W	Punto de LB normal	PC–LB06
258	El Planchón	18°09′04.2″S	70°40′33.8″W	Punto de LB normal	PC–LB06
259	Boca del Río	18°09′49.4″S	70°40′33.8″W	Punto de LB normal	PC–LB06
260	Playa Llostay	18°10′49.7″S	70°38′46.3″W	Punto de LB normal	PC–LB06
261	Playa La Morena	18°12′14.1″S	70°35′57.5″W	Punto de LB normal	PC–LB06
262	Playa La Yarada 1	18°13′47.2″S	70°33′15.0″W	Punto de LB normal	PC–LB06
263	Playa La Yarada 2	18°15′24.4″S	70°30′35.0″W	Punto de LB normal	PC–LB06
264	Playa Los Palos 1	18°17′06.5″S	70°27′58.6″W	Punto de LB normal	PC–LB06
265	Playa Los Palos 2	18°18′53.7″S	70°25′26.7″W	Punto de LB normal	PC–LB06
266	Punto en la costa Límite internacional terrestre Perú – Chile	18°21′08″S	70°22′39″W	Terminus Sur （Punto Concordia） Punto de LB normal	PC–LB06

附件二　秘鲁海域概略图

略。

第 047-2007-RE 号最高法令

（2007 年 8 月 12 日，标明依据第 28621 号法律和
国际法划定的秘鲁海域的外部界限的南段）

外交部同意标明秘鲁海域外部界限（南段）的地图
第 047-2007-RE 号最高法令

共和国总统考虑到以下事实，依据《秘鲁政治宪法》第一百一十八条第 8 款以及第 560 号法律，颁布本法律：

《秘鲁政治宪法》第五十四条规定国家海域包括邻接其海岸的海域及其海床和底土，其距离为从法律规定的基线量起 200 海里；

依据前述条款并按照国际法，第 28621 号法律于 2005 年 11 月 3 日通过。基于该法，国家海域的宽度为 200 海里；

上述法律第四条规定，秘鲁海域的外部界限依据国际法确定的划界标准以这样的方式划定，即该外部界限上各点与基线上最近点距离 200 海里；

上述法律第五条规定，政府负责依据该法第四条绘制该海域外部界限的地图；

做绘图工作时以圆弧为基础，圆弧半径为从基线量起 200 海里。因此，该外部界限的各点与基线上最近点距离 200 海里；

绘制秘鲁海域外部界限的地图中的 3 段是必要的，其中南段为从第 146 号基线点到第 266 号基线点；中段为从第 74 号基线点到第 146 号基线点；北段为从第 1 号基线点到第 74 号基线点。

第一条

特此批准标明秘鲁海域外部界限（南段）所环绕的海域的地图，该外

部界限依据第 28621 号法律和国际法划定。

第二条

这些规章应于秘鲁政府公报公布之日生效。

2007 年 11 月 7 日在政府大厦制定。

阿兰·加西亚·佩雷斯（Alan Garcia Perez）

共和国宪法总统

何塞·安东尼奥·加西亚·贝朗德（José Antonio García Belaúnde）

外交部长

圣基茨和尼维斯联邦
the Federation of Saint Kitts and Nevis

（英文文本截止于 2009 年 1 月 16 日）

1984 年海洋区域法
（1984 年 8 月 30 日第 3 号法律）

本法对圣基茨和尼维斯联邦的领海和大陆架作出规定，对建立邻接领海并在领海之外的毗连区和专属经济区作出规定，并为相关目的作出规定。

生　　效

经圣基茨和尼维斯联邦国民议会同意，由最尊贵的女王陛下制定并颁布如下法律：

第一章　序　　言

第一条　简称和生效
1. 本法可称为《1984 年海洋区域法》。
2. 本法应于部长在政府公报上公布之日生效。

第二条　定义

在本法中，除非上下文另有规定：

"领海基线"指第四条规定的测量领海宽度的基线。

"毗连区"指第六条规定的圣基茨和尼维斯联邦毗连区。

"大陆架"指第七条规定的圣基茨和尼维斯联邦大陆架，并在第九条适用的范围内，依据第九条划定界限。

"专属经济区"指第八条规定的并在第九条适用的范围内，依据第九条划定的圣基茨和尼维斯联邦专属经济区。

"外国船舶"指船舶：

（a）在外国登记；

（b）属于外国的某个当局或部门；或者

（c）由代表外国或为外国谋取利益的任何人控制。

"外国"指圣基茨和尼维斯联邦之外的国家。

"内水"指第五条规定的圣基茨和尼维斯联邦内水。

"圣基茨和尼维斯联邦海域"指圣基茨和尼维斯联邦的内水、领海、毗连区、大陆架和专属经济区。

"船长"，对船舶而言，指当时指挥或负责船舶的人。

"部长"指外交部长。

"海里"指国际海里，相当于 1 852 米。

"资源"指生物和非生物资源。

"领海"指第三条规定的圣基茨和尼维斯联邦领海。

"规章"指依据本法制定的规章。

第二章　圣基茨和尼维斯联邦海域

第三条　领海

1. 在第 2 款的限制下，圣基茨和尼维斯联邦的领海包括以领海基线为内部界限，以其上各点与领海基线上最近点距离为 12 海里的线为外部界限的那些海域。

2. 若圣基茨和尼维斯联邦和邻国的等距离线与领海基线上最近点之间

的距离不足 12 海里，在可能的情况下，领海的划界应依据圣基茨和尼维斯联邦和邻国间的协定确定；如若没有此类协定，等距离线应作为领海的外部界限。

3. 在本条中，圣基茨和尼维斯联邦和邻国的等距离线指其上各点与圣基茨和尼维斯联邦领海基线和该邻国相应基线上最近点距离相等的一条线。

第四条　领海基线

1. 除本条另有规定，测量领海宽度的基线应是圣基茨和尼维斯联邦的沿岸低潮线（包括所有岛屿的沿岸低潮线）。

2. 在海湾的邻接水域，测量领海宽度的基线：

（1）若海湾只有一个入口，应是连接海湾天然入口两端低潮标的直线；

（2）若海湾因有岛屿而有一个以上的曲口，应是横越各曲口以连接那些低潮标的一系列直线。

3. 为划定领海的目的，构成海港体系组成部分的最外部永久海港工程应被视为海岸，但近岸设施和人工岛屿不应被视为永久海港工程。

4. 若部长考虑到国际法和惯例而认为有必要，其可通过或依据政府公报上公布的命令，在指定的范围内确定领海宽度的基线。

5. 在本条中，"海湾"指沿岸水曲，其面积不小于以横越曲口所划的直线为直径的半圆形的面积。

6. 为划定第 5 款中的海湾的目的：

（1）水曲的面积是位于水曲陆岸周围的低潮标和一条连接水曲天然入口两端低潮标的线之间的面积；

（2）如果水曲因有岛屿而有一个以上的曲口，该半圆形的直径长度应是横越各曲口的各线的总长度；

（3）在计算一个水曲的面积时，水曲内的岛屿应视为水曲水域的一部分。

第五条　内水

圣基茨和尼维斯联邦的内水包括领海基线向陆一侧的水域。

第六条　毗连区

1. 圣基茨和尼维斯联邦的毗连区包括领海之外且邻接领海的水域，该水域以从领海基线向海一侧量起、其上各点与该基线上最近点距离 24 海里的一条线为外部界限。

2. 毗连区不应及于外国领海的任何部分，并且如若适当，第 1 款的执行应在满足本款要求所必要的范围内作出修改。

第七条 大陆架

1. 在第 2 款和第九条的限制下，圣基茨和尼维斯联邦的大陆架包括其领海以外依圣基茨和尼维斯联邦陆地领土的全部自然延伸，扩展到大陆边外缘海底区域的海床和底土，如果从测算领海宽度的基线量起到大陆边外缘的距离不到 200 海里，则扩展到 200 海里的距离。

2. 为第 1 款的目的，若大陆边外缘从测算领海宽度的基线的最近点量起超过 200 海里，大陆架外部界限的划定应适当顾及与超出此距离的大陆架有关的国际法的要求和限制。

3. 为本条的目的，大陆边缘包括圣基茨和尼维斯联邦陆块没入水中的延伸部分，由大陆架、大陆坡和大陆基的海床和底土构成，不包括深海洋底及其洋脊，也不包括深海洋底及其洋脊的底土。

第八条 专属经济区

在第九条的限制下，圣基茨和尼维斯联邦的专属经济区包括领海之外且邻接领海的水域，该水域以从领海基线向海一侧量起、其上各点与领海基线上最近点距离 200 海里的一条线为外部界限。

第九条 在某些情况下大陆架或专属经济区的划界

1. 若圣基茨和尼维斯联邦与某邻国间的等距离线与领海基线上最近点的距离不足 200 海里：

（1）大陆架的划界应由圣基茨和尼维斯联邦和该邻国在国际法的基础上以协议划定，以便得到公平解决；

（2）专属经济区的划界应由圣基茨和尼维斯联邦和该邻国在国际法的基础上以协议划定，以便得到公平解决。

2. 若在任何情况下都未能达成第 1 款（1）项或（2）项提及的协议，圣基茨和尼维斯联邦应通过国际法所规定的争端解决程序划定大陆架和专属经济区。

3. 若以下区域尚未划定界限圣基茨和尼维斯联邦和该邻国间的等距离线应作为大陆架或专属经济区的外部界限，除非圣基茨和尼维斯联邦和该邻国就那些界限作出了临时安排：

（1）依据第 1 款（1）项或第 2 款规定的大陆架；或者

（2）依据第 1 款（2）项或第 2 款规定的专属经济区。

4. 为执行第 1 款规定的任何协定、依据第 2 款规定的任何解决程序或第 3 款规定的任何临时安排的目的，部长可以在政府公报上发布命令，宣布大陆架或专属经济区不应及于任何特定海域、海床和底土。而在其他情况下，该海域、海床或底土依据第七条或第八条将包括在大陆架或专属经济区内。部长还可以宣布，该命令在有效期内始终有效力而不用考虑本法的任何相关规定。

5. 在本条中，圣基茨和尼维斯联邦和邻国间的"等距离线"指其上各点与圣基茨尼和尼维斯联邦的领海基线和该邻国相应基线上最近点距离相等的一条线。

第三章　关于圣基茨和尼维斯联邦海域的权利

第十条　对领海的主权

对以下事项的主权，是并且应视为一直属于圣基茨和尼维斯联邦，并在国际法的限制下可由圣基茨和尼维斯行使：

（a）领海；

（b）领海上空以及领海的海床；

（c）海床底土。

第十一条　对毗连区的权利

圣基茨和尼维斯联邦在毗连区内享有并可以行使为防止在圣基茨和尼维斯联邦（包括领海）范围内违反其海关、财政、移民或卫生的法律和规章所必要的权利。

第十二条　对大陆架和专属经济区的权利

1. 圣基茨和尼维斯联邦在专属经济区享有并可以行使：

（1）主权权利：

（a）勘探和开发、养护和管理海床上覆水域和海床及其底土的资源；

（b）利用海水、海流和风力牛产能。

（2）对下列事项的管辖权：

（a）人工岛屿、设施和结构的建造和使用；

（b）海洋科学研究；

（c）海洋环境的保护和保全。

（3）专属权利，即建造并授权和管理建造、操作和使用：

（a）人工岛屿；

（b）为（1）项所规定的目的和其他经济目的的设施和结构；

（c）可能干扰圣基茨和尼维斯联邦在专属经济区内行使权利的设施和结构。

2. 圣基茨和尼维斯联邦在大陆架享有并可以行使：

（1）以勘探和开发、养护和管理自然资源为目的的主权权利。

（2）专属权利，即建造并授权和管理建造、操作和使用：

（a）人工岛屿；

（b）为（1）项所规定的目的和其他经济目的的设施和结构；

（c）可能干扰圣基茨和尼维斯联邦在大陆架行使权利的设施和结构。

（3）管理、授权和从事海洋科学研究的专属权利。

3. 在行使第 1 款规定的对专属经济区的管辖权和权利时，圣基茨和尼维斯联邦应适当顾及其他国家的权利和义务，并应以符合国际法的方式行事。

4. 在行使下列之一的权利时，圣基茨和尼维斯联邦不应侵犯或不适当地干涉其他国家依据国际法享有的航行权或其他权利和自由：

（1）第 1 款（1）项（a）目规定的对专属经济区海床和底土的权利；

（2）第 2 款（1）项规定的对大陆架的权利。

5. 本条授予的对大陆架的主权权利应视为一直属于圣基茨和尼维斯联邦。

6. 在第 2 款（1）项中，"自然资源"指海床和底土的矿物和其他非生物资源，以及属于定居种的生物资源，即在可捕捞阶段海床上或海床下不能移动或其躯体须与海床或底土保持接触才能移动的生物。

第十三条　敷设电缆和管道的权利

1. 在第 2 款的限制下，各国可以依据国际法行使在大陆架或专属经济区敷设电缆和管道的权利。

2. 第 1 款规定的敷设电缆和管道的权利，各国：

（1）只有事先获得与敷设电缆和管道的路线划定有关的规章或任何法律所要求的任何同意才得行使；

（2）应遵照便于防止、减少和控制管道造成的污染或与此有关的规章和任何法律的规定行使；

（3）在依据第十二条行使权利或管辖权的限制下，该权利或管辖权的行使是为了控制或防止敷设与勘探、开发资源或使用人工岛屿、设施或结构有关的电缆或管道，或涉及控制或防止敷设该类电缆或管道。

第十四条　禁止行为

1. 任何人不得有以下行为，除非获得本法或任何其他法律授权，或依据或按照本法或任何其他法律授权，或以任何其他合法的方式从事这些活动，并且遵守该授权：

（1）在大陆架的界限以内：

（a）勘探或开发第十二条第 6 款定义的资源；

（b）从事任何海洋科学研究；

（c）建造、操作或使用以行使第十二条第 2 款（2）项（b）目提及的任何权利为目的的人工岛屿或任何设施或结构，或可能干涉行使第十二条第 2 款（2）项（c）目提及的任何权利的人工岛屿或任何设施或结构。

（2）在专属经济区的界限以内：

（a）勘探或开发资源；

（b）利用海水、水流或风力生产能；

（c）建造、操作或使用以行使第十二条第 1 款（3）项（b）目提及的任何权利为目的的人工岛屿或任何设施或结构，或可能干涉行使第十二条第 1 款（3）项（c）目提及的任何权利的人工岛屿或任何设施或结构。

（3）在领海的界限以内从事（2）项提及的任何活动。

2. 凡违反第 1 款即以违法论处，并经判决处以不超过 100 万美元的罚款。

3. 若依据第二十三条第 1 款（3）项，被扣押的船舶的所有人或船长实施了违反本条的行为，法院可以在任何其他已判处的刑罚之外命令没收该船舶，包括船上用于实施违法行为的任何设备，并且在该情形下应以部长命令中的方式处理该船舶及任何该类设备。

第四章　无害通过和过境通行

第十五条　解释

1. 在本章中，除非上下文另有规定：

"主管当局"指部长以及为该规定的目的而依据第 2 款被指定的任何人或属于某阶层或类别的人。

…………

"规定的活动"指：

（a）对圣基茨和尼维斯联邦的主权、领土完整或政治独立进行任何武力威胁或使用武力，或以任何其他违反《联合国宪章》所体现的国际法原则的方式进行武力威胁或使用武力；

（b）以任何种类的武器进行任何操练或演习；

（c）任何目的在于搜集情报使圣基茨和尼维斯联邦的防务或安全受损害的行为；

（d）任何目的在于影响圣基茨和尼维斯联邦防务或安全的宣传行为；

（e）在船上起落或接载任何飞机或军事装置；

（f）违反海关、财政、移民或卫生的法律和规章而上下任何商品、货币或人员；

（g）必然或可能对圣基茨和尼维斯联邦及其资源或海洋环境造成损害或危害的任何故意的污染行为；

（h）任何捕鱼活动；

（i）进行研究或测量活动；

（j）任何目的在于干扰圣基茨和尼维斯联邦任何通信系统或任何其他设施或设备的行为；或者

（k）规定的任何该类活动。

2. 部长可以通过在政府公报上发布公告，为本章任何规定的目的指派任何人或属于任何阶层或部门的人，并且可以以同样的方式撤销该项指派。

3. 若部长确信圣基茨和尼维斯联邦与某邻国间的任何海峡在以下部分之间正用于国际航行，他应通过在政府公报上发布命令，指定命令中划定的用于国际航行的海峡。如果部长认为应终止该项指定，他可以以同样的方式撤销对海峡的指定：

（1）公海或专属经济区的一部分；

（2）公海或专属经济区的另一部分。

第十六条 无害通过

1. 受制于并依据本条和国际法，如果通过是无害的，外国船舶可以为以下目的之一的航行行使国际法规定的无害通过权而通过领海：

（1）穿过领海但不进入内水或停靠于内水以外的泊船处或港口设施；

（2）驶往或驶出内水或停靠于内水以外的泊船处或港口设施。

2. 外国船舶的通过：

（1）只要无损于圣基茨和尼维斯联邦的和平、良好秩序或安全，就是无害的；

（2）应视为有损于圣基茨和尼维斯联邦的和平、良好秩序或安全，只要该船舶在领海内从事任何禁止的活动。

3. 在行使无害通过权时，船舶应遵守：

（1）对领海或其任何部分有效的、一般接受的关于海上安全的国际规章、程序和惯例。

（2）对领海或其任何部分有效的、为了或涉及以下事项的规章和任何法律、命令或指令：

（a）航行安全和海上交通管理，包括海道的适用和分道通航制的执行；

（b）导航设施和装备以及其他装备或装置的保护；

（c）电缆和管道的保护；

（d）资源的养护；

（e）捕鱼和渔业；

（f）环境的保护以及污染的预防、减少和控制；

（g）海洋科学研究和水文调查；

（h）与海关、财政、移民或卫生有关的控制或禁令。

4. 若部长认为为保护圣基茨和尼维斯联邦安全（包括武器演习在内）而有必要，他可以在政府公报上发布的命令中规定的特定期间内暂停领海或命令确定的领海的任何部分的无害通过。

5. 依据第4款发布的命令不应暂停指定海峡的过境通行权。

第十七条　过境通行

1.受制于并依据本条和国际法，外国船舶或飞机可以行使与指定海峡有关的国际法规定的过境通行权，即专为在以下部分之间的海峡继续不停和迅速过境的目的而行使航行和飞越自由：

（1）公海或专属经济区的一个部分；

（2）公海或专属经济区的另一部分之间。

2.为第1款的目的，在指定的海峡中从事了任何禁止的行为的船舶或飞机应视为从事了非行使海峡过境通行权的活动。

3.在行使指定海峡的过境通行权时，船舶应遵守：

（1）一般接受的关于海上安全的或关于预防、减少和控制来自船舶的污染的国际规章、程序和惯例。

（2）为了或关于以下事项且对海峡有效的规章和任何法律、命令或指令的规定：

（a）航行安全和海上交通管理，包括海道的适用和分道通航制的执行；

（b）渔船以及防止捕鱼，包括渔具的装载；

（c）违反海关、财政、移民或卫生的法律和规章而上下任何商品、货币或人员。

4.在行使指定海峡的过境通行权时，飞机应：

（1）遵守国际民用航空组织制定的适用于民用飞机的《航空规则》，并且国有飞机通常应遵守这些安全措施，并在运行时随时适当顾及航行安全；

（2）随时监听国际上指定的空中交通管制主管机构所分配的无线电频率或有关的国际呼救无线电频率。

第十八条　从事禁止的活动

1.在通过领海时，外国船舶未经主管当局许可不得从事任何禁止的活动。

2.若外国船舶违反第1款从事了任何禁止的活动，船长和参与该活动的船上的任何其他人分别以犯罪论处，并经判决处以不超过100万美元的罚款。

3.对违反本条的罪行的公诉不得：

（1）针对享有国家豁免或法律承认的其他豁免的个人提起；

（2）不经司法部长的书面同意即启动。

4.若外国船舶的船长被判决构成违反本条的犯罪，且该外国船舶依据

第二十三条第 2 款（4）项被扣押，法院可以在任何其他已判处的刑罚之外命令没收该船舶，并且在该情形下应以部长命令中的方式处理该船舶和任何该类设备。

5. 即使船舶在指定的领海中从事任何禁止的活动，本条规定仍然有效。

第五章　海图和坐标

第十九条　海域的地图

部长应敦促绘制其认为适于标示所有或任何以下事项的海图或地理坐标表：

（1）圣基茨和尼维斯联邦海域或其任何部分；

（2）领海基线；

（3）大陆架或专属经济区的外部界限；

（4）海道或分道通航制。

第二十条　海图的证据

一份经部长证明是依据第十九条绘制的海图或地理坐标表的真实副本的文件，应在任何法律程序中作为其所载任何事项的证据被接受，但不妨碍援引证据抗辩的权利。

第二十一条　关于海图的公布

部长应敦促：

（1）将依据第十九条绘制的海图或地理坐标表妥为公布；

（2）将海图和坐标表的副本均交存于联合国秘书长。

第六章　法院的管辖权和其他法律事项

第二十二条　管辖权

1. 为以下目的，圣基茨和尼维斯联邦法院的管辖权和权力及于圣基茨和尼维斯联邦的海域：

（1）本法；

（2）适用于或依据第二十八条适用于圣基茨和尼维斯联邦的海域或其

任何部分的任何法律。

2. 为依据第 1 款行使管辖权和权力的目的,法院是有合法管辖权的法院 :

（1）为任何刑事法律程序的目的，如果相关犯罪发生在其普通刑事管辖权范围内，其将可以审判该犯罪 ;

（2）为刑事法律程序外的任何法律程序的目的，如果当故意、过失或其他事件导致该程序发生或出现在其普通管辖权范围内，其将有管辖权。

3. 在咨询司法部长后，部长可以制定规则实施本条规定或使之有效。

4. 本条授予的管辖权和权力补允且不减损圣基茨和尼维斯联邦法院可以行使的任何其他管辖权或权力。

第二十三条　逮捕某些罪犯

1. 在本条的限制下，若被授权的人有合理理由相信并认为违反第十四条的违法行为已经发生，其可行使以下所有或任何权力 :

（1）在圣基茨和尼维斯联邦的海域内,停止、登临、检查和搜查任何船舶，或进入、检查和搜查其有合理理由相信被用于实施该犯罪或与之有关的任何设施 ;

（2）不论是否有逮捕证，逮捕其有合理理由相信实施了违反该条的罪行的任何船上或（1）项提及的设施上的人 ;

（3）如果其有合理理由相信违反该条的犯罪是由船舶的所有人或船长实施的，扣押（1）项提及的船舶 ;

（4）进入、检查和搜查其设置、建造、操作或使用构成违反该条的罪行的任何设施，并且不论是否有逮捕证，逮捕该设施上的或在圣基茨和尼维斯联邦其他地方被发现的且有合理理由相信实施了该犯罪的人。

2. 在本条的限制下，被授权的人若有合理理由相信并认为违反第十八条的犯罪已经发生，可在领海中行使以下所有或任何权力，即 :

（1）停止、登临、检查和搜查违反该条参与任何禁止的活动的外国船舶 ;

（2）不论是否有逮捕证，逮捕船长 ;

（3）逮捕在该船舶上其有合理理由相信实施了违反该条的罪行的人 ;

（4）扣押船舶。

3. 被授权的人可以在行使第 1 款或第 2 款授予的任何权力时，获得其认为为此目的所必要的助手的协助。

4. 若依据第 1 款（3）项或第 2 款（4）项扣押了船舶，该船舶应交政府保管，直到：

（1）决定不起诉与被扣押的船舶有关的被指控的犯罪；或者

（2）若决定提起公诉，该船舶提交了第 6 款要求的保证金。

5. 对与被扣押船舶有关的被指控罪行是否提起公诉的决定应尽快作出。

6. 为第 4 款的目的，对任何船舶所要求的保证金应按照部长的命令中的形式和数额交给部长命令中指定的人。

7. 释放被扣押的船舶不妨碍此后依据第十四条第 3 款或第十八条第 4 款没收该船舶。

8. 第 1 款或第 2 款规定的权力不得对享有国家豁免或法律承认的其他豁免的船舶或个人行使。

9. 本条规定的权力和权利补充且不减损圣基茨和尼维斯联邦依据国际法或其他规则享有的任何其他权力和权利。

10. 在行使本条规定的对外国船舶的执行权时，被授权的人不得危及航行安全或对船舶造成任何危险，或将船舶带至不安全的港口或停泊地，或使海洋环境处于不合理的风险中。

11. 在本条中：

"被授权的人"指为本条的目的，由部长依据本款发布的命令所指定的并在政府公报中公布的某人或属于某一阶层或部门的某人。

"所有人"，对任何船舶而言，包括拥有船舶的任何组织，不论其是否是公司，以及任何船舶的承租人或次承租人。

第二十四条 在领海的外国船舶上执行逮捕

1. 在本条的限制下，若在外国船舶（商船或为商业目的操作的政府船舶）通过领海期间，船上发生了犯罪，只有在以下情况下才可以对船舶通过期间船上发生的犯罪行使法定权力：

（1）罪行的后果及于圣基茨和尼维斯联邦；

（2）罪行属于扰乱圣基茨和尼维斯联邦安宁或领海的良好秩序的行为；

（3）经船长或船旗国外交代表或领事官员请求，政府或任何公共官员予以协助；或者

（4）这是取缔违法贩运麻醉药品或精神调理物质所必要的。

2. 第 1 款中的限制不适于外国船舶驶离内水后通过领海的任何情形。

3. 在本条的限制下，若来自外国港口的外国船舶仅通过领海而不驶入内水，在通过领海的该船舶上可以对该船舶驶进领海前所犯任何罪行行使规定的权力，只要：

（1）有明确理由相信该船舶在专属经济区内违反了：

（a）为预防、减少和控制来自船舶的污染的可适用的国际规则和标准；或者

（b）符合任何此类规则和标准并使之有效的任何规章或法律的任何规定。

（2）有：

（a）明显根据认为违反行为导致了大量排放，对海洋环境造成重大污染或有造成重大污染的威胁；或者

（b）确凿证据证明违反行为导致了排放，对圣基茨和尼维斯联邦海岸、领海或专属经济区的任何资源造成实质损害或有造成实质损害的威胁。

4. 本条规定不妨碍第二十三条规定的任何权力的行使。

5. 行使本条第 1 款或第 3 款所述情形的权力的决定或对该权力的行使应适当顾及航行利益。

6. 本条第 8 款（1）项提及的法定权力不应对船舶行使，除非为确定是否发生了属于第 3 款（1）项规定类型的违反行为时，依法要求船舶提供有关其身份和登记地的信息、上一港口和下一港口名称以及其他相关信息，而该船舶拒绝提供。

7. 在任何时候，对圣基茨和尼维斯联邦有拘束力的适当程序已由相关的国际组织建立或承认，且船舶确实遵守了有关登陆或财政安全的适当要求，第 8 款提及的法定权力不应对该船舶行使。

8. 为本条的目的，"法定权力"是指逮捕任何人或调查任何被指控为违法的行为的合法权力，并且：

（1）为第 3 款（2）项（a）目的目的，包括因与第 3 款（1）项规定的违法行为有关的事项对船舶进行现场调查的权力；以及

（2）为第 3 款（2）项（b）目的目的，包括扣留船舶的权力。

第二十五条 司法部长的证明

若在任何刑事法律程序中，对某一故意或过失行为是否发生在内水、领海、毗连区、大陆架或专属经济区内有疑问，一份由司法部长签署并指明该故意或过失行为是否发生的证明书应作为该事实的证据被接受，但不妨碍援引证据抗辩的权利。

第二十六条 民事管辖权

1. 若与以下事项有关的故意或过失行为或由此引起的民事纠纷或争端在大陆架或专属经济区内发生，则可以通过有合法管辖权的法院裁决：

（1）勘探或开发资源；

（2）从事任何研究或调查活动；

（3）建造、构筑、操作或使用任何人工岛屿、设施或结构；

（4）敷设电缆或管道；或者

（5）利用海水、海流或风力生产能。

2. 第1款的规定不影响将争端提交圣基茨和尼维斯联邦以外的任何人仲裁的任何协议的有效性。

3. 本条授予的管辖权应补充且不减损可由圣基茨和尼维斯联邦法院行使的任何其他管辖权。

第二十七条 对领海中的外国船舶的民事管辖权

1. 不得仅为对通过领海的外国船舶上某人行使民事管辖权的目的而停止其航行或改变其航向。

2. 在第3款的限制下，不得为任何民事诉讼的目的对船舶从事执行或加以逮捕，但涉及该船舶本身在通过领海的航行中或为该航行的目的而承担的义务或因而负担的责任，不在此限。

3. 第2款禁止对船舶加以逮捕或从事执行的规定不适用于在领海内停泊或驶离内水后通过领海的外国船舶。

第二十八条 海洋区域的法律适用

1. 部长可以通过依据第二十九条制定的规章，将任何法律的适用附加以下内容扩及圣基茨和尼维斯联邦的海域或其任何部分：

（1）限制；

（2）为便于该法律的适用或执行所作的修改，这些都规定在该规章中，并且该法律应依此适用。

2. 第 1 款规定的权力包括将一项法律的适用扩及以行使第十二条规定的任何权利或管辖权为目的的任何人工岛屿、设施或结构。

第七章　规章、保留条文和修正

第二十九条　规章

1. 部长可以制定规章实施本法或使本法有效。

2. 为以下所有或任何目的，可以制定关于领海的规章：

（1）管理在领海内从事的科学研究；

（2）规定保护和保全领海海洋环境的措施；

（3）管理在领海内建造和操作人工岛屿（无论永久的或临时的）、其他设施和结构，包括在这些岛屿、设施和结构周围不超过 500 米的距离内建立安全区；

（4）管理为利用海水、海流和风力生产能或任何其他经济目的对领海的勘探和开发；

（5）规定为使圣基茨和尼维斯联邦对领海的主权完全有效所必要或便利的此类其他事项；以及

（6）规定使第二章、第三章或第四章的规定完全有效所涵盖的或必要的此类其他事项。

3. 为以下所有或任何目的，可以制定关于勘探和开发大陆架或专属经济区的规章：

（1）管理在大陆架或专属经济区内从事的科学研究；

（2）规定保护和保全大陆架或专属经济区海洋环境的措施；

（3）为第十二条的目的，管理在大陆架或专属经济区内建造和操作人工岛屿（无论永久的或临时的）、其他设施和结构，包括在这些岛屿、设施和结构周围不超过 500 米的距离内建立安全区；

（4）管理为经济目的对大陆架或专属经济区的勘探和开发；

（5）规定为使圣基茨和尼维斯联邦对大陆架或专属经济区的主权权利和管辖权完全有效所必要或便利的此类其他事项；

（6）为使第二章、第三章或第四章的规定完全有效所涵盖的或必要的此类其他事项。

4. 为了利用海水、海流和风力生产能，可以制定关于勘探和开发专属经济区的规章。

5. 对于与圣基茨和尼维斯联邦海域以外的船舶违反相关国际组织或一般外交会议确立的可适用的国际规则和标准所导致的任何排放有关的调查或起诉，可以制定规章。

6. 规章可以规定：违反任何规章的行为应是刑事犯罪，对任何此类犯罪得处以不超过 2 万美元的罚款。

7. 行使本条规定的制定规章的权力可以：

（1）对于该权力所及的任何情况，或受特别例外限制的那些情况，或任何特定情况或某种层次或类别的情况作出规定。

（2）对行使该权力涉及的所有情况，作出：

（a）适用于所有情况的同一规定，或适用于不同情况或不同类别或类型的情况的不同规定，或为本法不同目的适用于相同情况或相同类别或类型的情况的不同规定；或者

（b）无条件限制或受任何特定条件限制的任何此类规定。

第三十条　修正

对附件第一栏中提及的法律所进行的修正列在附件第二栏中。

第三十一条　废除

特此废除 1878 年英国议会制定的《领水管辖权法》，以及英国议会修正该法的任何法律，只要其构成圣基茨和尼维斯联邦法律的一部分。

附　件

修　正	
第一栏	第二栏
《解释和一般条款法》	修正第二条第 1 款，在适当的地方插入以下定义： "毗连区"指 1984 年《海洋区域法》第二条定义的圣基茨和尼维斯联邦毗连区。 "大陆架"指 1984 年《海洋区域法》第二条定义的圣基茨和尼维斯联邦大陆架。 "专属经济区"指 1984 年《海洋区域法》第二条定义的圣基茨和尼维斯联邦专属经济区。 "领海"指 1984 年《海洋区域法》第二条定义的圣基茨和尼维斯联邦领海。

圣卢西亚
Saint Lucia

（英文文本截止于 2009 年 1 月 19 日）

海洋区域法
（1984 年 7 月 18 日第 6 号法律）

本法对圣卢西亚的领海和大陆架作出规定，对建立邻接领海并在领海之外的毗连区和专属经济区作出规定，并为相关目的作出规定。

第一章 序　　言

第一条　简称和生效

1. 本法可称为《1984 年海洋区域法》。

2. 本法应于部长在政府公报上公布之日生效。

第二条　定义

在本法中，除非上下文另有规定：

"领海基线"指第四条规定的测量领海宽度的基线。

"外国船舶"指：

（a）在外国登记的船舶；

（b）属于外国某当局或其附属机构的船舶；或者

（c）由代表外国或为外国谋取利益的任何人控制的船舶。

…………

"专属经济区"指第八条规定的并在第九条适用范围内依据第九条划定的圣卢西亚专属经济区。

…………

"圣卢西亚海域"指圣卢西亚的内水、领海、毗连区、大陆架和专属经济区。

"船长"，对于船舶而言，指当时指挥或负责船舶的人。

…………

"资源"指生物和非生物资源。

…………

"规章"指依据本条制定的规章。

第二章　圣卢西亚海域

…………

第七条　大陆架

1. 在第 2 款和第九条的限制下，圣卢西亚的大陆架包括其领海以外依圣卢西亚陆地领土的全部自然延伸，扩展到大陆边外缘的海底区域的海床和底土，如果从测算领海宽度的基线量起到大陆边外缘的距离不到 200 海里，则扩展到 200 海里的距离。

2. 为本条第 1 款的目的，若大陆边外缘从测算领海宽度的基线量起超过 200 海里，大陆架外部界限的划定应全面适当地考虑与建立和划定 200 海里以外大陆架有关的国际法的要求和限制。

3. 为本条的目的，大陆边缘包括圣卢西亚陆块没入水中的延伸部分，由大陆架、大陆坡和大陆基的海床和底土构成，不包括深海洋底及其洋脊，也不包括深海洋底及其洋脊的底土。

第八条　专属经济区

在第九条的限制下，圣卢西亚的专属经济区包括领海之外且邻接领海的海域。该海域以其上各点与领海基线上最近点距离 200 海里的一条向海的线为外部界限。

第九条 某些情况下大陆架或专属经济区的划界

1. 若圣卢西亚与某个邻国之间的等距离线与领海基线上最近点距离不足 200 海里：

（1）大陆架的划界应依据圣卢西亚与该邻国以国际法为基础缔结的协定确定，以便达到公平解决；

（2）专属经济区的划界应依据圣卢西亚与该邻国以国际法为基础缔结的协定确定，以便达到公平解决。

2. 若在任何情况下都未能达成本条第 1 款（1）项或（2）项提及的协定，圣卢西亚应通过国际法提供的解决任何争端的程序划定大陆架和专属经济区。

3. 若以下区域尚未划定界限，则在圣卢西亚与某个邻国之间的等距离线应构成大陆架或专属经济区的外部界限，除非圣卢西亚与该邻国就这些界限另行达成临时协定：

（1）本条第 1 款（1）项或第 2 款规定的大陆架；或者

（2）本条第 1 款（2）项或第 2 款规定的专属经济区。

4. 为执行本条第 1 款规定的任何协定、依据本条第 2 款达成的解决方法或本条第 3 款规定的任何临时协议，部长可以在政府公报上发布命令，宣布大陆架或专属经济区不应及于任何特定的海域、海床和底土。依据第七条或第八条，该特定的海域、海床和底土在其他情况下可能包括在大陆架或专属经济区内。而且，有效命令在第三十条的限制下依据其期限适用，无需考虑本法任何规定。

5. 在本条中，圣卢西亚和某个邻国间的"等距离线"指其上各点与圣卢西亚和该邻国各自基线上的最近点距离相等的一条线。

第三章　关于圣卢西亚海域的权利

…………

第十二条 关于专属经济区和大陆架的权利

1. 圣卢西亚对专属经济区享有并行使：

（1）主权权利：

（a）勘探和开发、养护和管理海床上覆水域和海床及其底土的自然资源；

（b）利用海水、海流和风力生产能。

（2）对以下事项的管辖权：

（a）人工岛屿、设施和结构的建造和使用；

（b）海洋科学研究；

（c）海洋环境的保护和保全。

（3）专属权利，即建造并授权和管理建造、操作和使用：

（a）人工岛屿；

（b）为（1）项所规定的目的和任何其他经济目的的设施和结构；

（c）可能干扰圣卢西亚在专属经济区内行使权利的设施和结构。

（4）管理、授权和实施海洋科学研究的专属权利。

2. 圣卢西亚对大陆架享有并行使：

（1）以勘探和开发、养护和管理海床上覆水域和海床及其底土的自然资源为目的的主权权利。

（2）专属权利，即建造并授权和管理建造、操作和使用：

（a）人工岛屿；

（b）为（1）项所规定的目的和任何其他经济目的的设施和结构；

（c）可能干扰圣卢西亚在大陆架行使权利的设施和结构。

（3）管理、授权和实施海洋科学研究的专属权利。

3. 在行使本条第 1 款规定的关于专属经济区的管辖权和权利时，圣卢西亚应适当顾及其他国家的权利和义务，并应以符合国际法的方式行事。

4. 在行使下列权利时，圣卢西亚不应侵犯或不适当地干涉其他国家依据国际法享有的航行权或其他权利和自由：

（1）本条第 1 款（1）项（a）目规定的关于专属经济区海床和底土的权利；

（2）本条第 2 款（1）项规定的关于大陆架的权利。

5. 本条授予的关于大陆架的主权权利应认为一直属于圣卢西亚。

6. 在本条第 2 款（1）项中，"自然资源"指海床和底土的矿物和其他非生物资源，以及属于定居种的生物资源，即在可捕捞阶段在海床上或海床下不能移动或其躯体须与海床或底土保持接触才能移动的生物。

第十三条　敷设海底电缆和管道的权利

1. 在第 2 款的限制下，每个国家可以依据国际法享有在大陆架上或专属经济区内敷设电缆和管道的权利。

2. 依据本条第 1 款，关于敷设电缆和管道的权利，各国：

（1）除非事先取得与在大陆架上或专属经济区内敷设电缆和管道的路线划定有关的规章或任何法律所要求的任何同意，否则不得在任何前述区域进行；

（2）应以符合规章规定和为了预防、减少和控制源自管道的污染或与此有关的任何法律的方式行使；

（3）在依据第十二条行使权利或管辖权的限制下，这些权利或管辖权是为了控制或防止与资源的勘探、开发或人工岛屿、设施、结构的使用有关的电缆和管道敷设，或与此有关。

第十四条　禁止活动

1. 任何人不得：

（1）在大陆架的界限内：

（a）勘探和开发第十二条第 6 款规定的自然资源；

（b）从事任何海洋科学研究；

（c）建造、操作或使用以行使第十二条第 2 款（2）项（b）目提及的任何权利为目的，或可能干扰行使第十二条第 2 款（2）项（c）目提及的任何权利的任何人工岛屿或任何设施、结构。

（2）在专属经济区的界限内：

（a）勘探或开发资源；

（b）利用海水、海流或风力生产能；

（c）从事任何海洋科学研究；

（d）建造、操作或使用以行使第十二条第 1 款（3）项（b）目提及的任何权利为目的，或可能干扰行使第十二条第 1 款（3）项（c）目提及的任何权利的任何人工岛屿或任何设施或结构。

（3）在领海的界限内参与本款（2）项提及的任何活动，除非依据本法或任何其他法律，或以任何其他法律方式获得授权，并遵照该授权参与此类活动。

2. 凡违反本条第 1 款的规定即以犯罪论处，并经审判处以 2 万美元的罚款。

3. 若依据第二十三条第 1 款（3）项，被扣押的船舶的所有人或船长被判定犯有违反本条的罪行，法院在任何其他刑罚之外亦可命令没收船舶，包括船舶上用于实施犯罪的任何船上装备，并且由此应以部长命令的方式处置船舶和任何其他装备。

…………

第五章　海图和地理坐标

第十九条

部长应敦促绘制其认为适于标示所有或任何以下事项的海图或地理坐标表：

（1）圣卢西亚海域或其任何部分；

（2）领海基线；

（3）大陆架或专属经济区的外部界限；

（4）海道或分道通航制。

第二十条　海图的证据

一份经部长证明为依据第十九条绘制的海图或地理坐标表副本的文件，应在任何法律程序中作为其所载任何事项的证据被接受，但不妨碍援引证据抗辩的权利。

第二十一条　海图的公布

部长应敦促：

（1）妥为公布依据第十九条绘制的海图或地理坐标表；

（2）将海图和地理坐标表的副本均交存联合国秘书长。

第六章　法院管辖权和其他法律事项

第二十二条　管辖权

1. 为以下目的，圣卢西亚法院的管辖权和权力及于圣卢西亚的海域：

（1）本法；

（2）适用于或依据第二十八条适用于圣卢西亚的海域或其任何部分的任何法律。

2. 为依据本条第 1 款行使任何管辖权和权力的目的，法院是有合法管辖权的法院。

…………

3. 在咨询司法部长之后，部长可以制定规则实施本条规定或使之有效。

4. 本条授予的管辖权和权力补充且不减损可由圣卢西亚法院行使的任何其他管辖权或权力。

第二十三条　逮捕某些罪犯

1. 在本条的限制下，若被授权的人有合理理由相信并认为违反第十四条的罪行已经发生，其可以行使以下所有或任何权力：

（1）在圣卢西亚的海域内，停止、登临、检查和搜查任何船舶，或进入、检查和搜查其有合理理由相信被用于实施该犯罪或与之有关的任何设施；

（2）不论是否有逮捕证，逮捕其有合理理由相信实施了违反该条的罪行的任何船上或（1）项提及的设施上的人；

（3）如果有合理理由相信违反该条的犯罪是由船舶的所有人或船长实施的，则扣押（1）项提及的船舶；

（4）进入、检查和搜查其设置、建造、操作或使用构成违反该条的罪行的任何设施，并且不论是否有逮捕证，逮捕该设施上的或在圣卢西亚其他地方被发现的且其有合理理由相信实施了该犯罪的人。

2. 在本条的限制下，被授权的人若有合理理由相信并认为违反第十八条的犯罪已经发生，可在领海中行使以下所有或任何权力，即：

（1）停止、登临、检查和搜查违反该条而参与任何禁止的活动的外国船舶；

（2）不论是否有逮捕证，逮捕船长；

（3）逮捕在该船舶上其有合理理由相信实施了违反该条的罪行的人；

（4）扣押船舶。

3. 被授权的人可以在行使本条第 1 款或第 2 款授予的任何权力时，获得其认为为此目的所必要的助手的协助。

4. 若依据本条第 1 款（3）项或第 2 款（4）项扣押了船舶，该船舶应交政府保管，直到：

（1）决定不起诉与被扣押的船舶有关的被指控的犯罪；或者

（2）若决定提起公诉，该船舶提交了本条第 6 款要求的保证金。

5. 对与被扣押船舶有关的被指控罪行是否提起公诉的决定应尽快作出。

6. 为第 4 款的目的，对任何船舶所要求的保证金，应按部长的命令中的形式和数额交给部长命令中指定的人。

7. 释放被扣押的船舶不妨碍此后依据第十四条第 3 款或第十八条第 4 款没收该船舶。

8. 本条第 1 款或第 2 款规定的权力不得对享有国家豁免或法律承认的其他豁免的船舶或个人行使。

9. 在行使本条规定的对外国船舶的执行权时，被授权的人不得危及航行安全或对船舶造成任何危险，或将船舶带至不安全的港口或停泊地，或使海洋环境处于不合理的风险中。

10. 在本条中：

"被授权的人"指为本条的目的，由部长依据本款发布的命令指定的并在政府公报中公布的某人或属于某一阶层或部门的某人。

"所有人"，对任何船舶而言，包括拥有船舶的任何组织，不论其是否是公司，以及任何船舶的承租人或次承租人。

第二十四条 在领海的外国船舶上执行逮捕

…………

3. 在本条的限制下，若来自外国港口的外国船舶仅通过领海而不驶入内水，在通过领海的该船舶上可以对该船舶驶进领海前所犯任何罪行行使规定的权力，只要：

（1）有明确理由相信该船舶在专属经济区内违反了：

（a）为预防、减少和控制来自船舶的污染的可适用的国际规则和标准；或者

（b）符合任何此类规则和标准并使之有效的任何规章或法律的任何规定。

（2）有：

（a）明显根据认为违反行为导致了大量排放，对海洋环境造成重大污染

或有造成重大污染的威胁；或者

（b）确凿证据证明违反行为导致了排放，对圣卢西亚海岸、领海或专属经济区的任何资源造成实质损害或有造成实质损害的威胁。

4. 本条规定不妨碍第二十三条规定的任何权力的行使。

5. 行使本条第 1 款或第 3 款所述情形的权力的决定或对该权力的行使应适当顾及航行利益。

6. 本条第 8 款（1）项提及的法定权力不应对船舶行使，除非为确定是否发生了属于本条第 3 款（1）项规定类型的违反行为时，依法要求船舶提供有关其身份和登记地的信息、上一港口和下一港口名称以及其他相关信息，而该船舶拒绝提供。

7. 在任何时候，对圣卢西亚有拘束力的适当程序已由相关的国际组织建立或承认，且船舶确实遵守了有关登陆或财政安全的适当要求，本条第 8 款提及的法定权力不应对该船舶行使。

8. 为本条的目的，"法定权力"是指逮捕任何人或调查任何被指控为违法的行为的合法权力，并且：

（1）为本条第 3 款（2）项（a）目的目的，包括因与本条第 3 款（1）项规定的违法行为有关的事项对船舶进行现场调查的权力；

（2）为本条第 3 款（2）项（b）目的目的，包括扣留船舶的权力。

第二十五条　司法部长的证明

若在任何刑事法律程序中，对某一故意或过失行为是否发生在内水、领海、毗连区、大陆架或专属经济区内有疑问，一份由司法部长签署的指明该故意或过失行为是否发生的证明书应作为该事实的证据被接受，但不妨碍援引证据抗辩的权利。

第二十六条　民事管辖权

1. 若与以下事项有关的故意或过失行为或由此引起的民事纠纷或争端在大陆架或专属经济区界限内发生，则可以通过有合法管辖权的法院裁决：

（1）勘探或开发资源；

（2）从事任何研究或调查活动；

（3）建造、构筑、操作或使用任何人工岛屿、设施或结构；

（4）敷设电缆或管道；

（5）利用海水、海流或风力生产能。

2. 本条第 1 款的规定不影响将争端提交圣卢西亚以外的任何人仲裁的任何协议的有效性。

3. 本条授予的管辖权应补充且不减损可由圣卢西亚法院行使的任何其他管辖权。

…………

第二十八条　海洋区域的法律适用

1. 部长可以依据第二十九条制定的规章，将任何法律的适用附加以下内容扩及圣卢西亚的海域或其任何部分：

（1）限制；

（2）为便于该法律的适用或执行所进行的修改，这些都规定在该规章中，并且该法律应依此适用。

2. 本条第 1 款规定的权力包括将一项法律的适用扩及以行使第十二条规定的任何权利或管辖权为目的的任何人工岛屿、设施或结构。

第七章　规章、保留条文和修正

第二十九条　规章

1. 部长可以制定规章实施本法或使本法有效。

…………

3. 为以下所有或任何目的，可以制定关于勘探和开发大陆架或专属经济区的规章：

（1）管理在大陆架或专属经济区内从事的科学研究；

（2）规定保护和保全大陆架或专属经济区海洋环境的措施；

（3）为第十二条的目的，管理在大陆架或专属经济区内建造和操作人工岛屿（无论永久的或临时的）、其他设施和结构，包括在这些岛屿、设施和结构周围不超过 500 米的距离内建立安全区；

（4）管理为经济目的对大陆架或专属经济区的勘探和开发；

（5）规定为使圣卢西亚对大陆架或专属经济区的主权权利和管辖权完全有效所必要或便利的此类其他事项；

（6）为使第二章、第三章或第四章的规定完全有效所包括的或必要的此类其他事项。

4. 为了利用海水、海流和风力生产能，可以制定关于勘探和开发专属经济区的规章。

5. 对于与圣卢西亚海域以外的船舶违反相关国际组织或一般外交会议确立的、可适用的国际规则和标准所导致的任何与排放有关的调查或起诉，可以制定规章。

6. 规章可以规定：违反任何规章的行为应构成刑事犯罪，对任何此类犯罪得处以不超过 2 万美元的罚款。

7. 行使本条规定的制定规章的权力可以：

（1）对于该权力所及的任何情况，或受特别例外限制的那些情况，或任何特定情况或某种层次或类别的情况作出规定。

（2）对行使该权力波及的所有情况，作出：

（a）适用于所有情况的同一规定，或适用于不同情况或不同类别或类型的情况的不同规定，或为本法不同目的适用于相同情况或相同类别或类型的情况的不同规定；或者

（b）无条件限制或者受任何特定条件限制的任何此类规定。

第三十条　协定的保留条文

1. 在本条中，"协定"指圣卢西亚政府和法国政府于 1981 年 3 月 4 日在巴黎缔结的协定。

2. 本法中的规定不妨碍协定的执行，并且在该协定仍然有效时，其实行应依据其期限，以便按照其规定划定圣卢西亚任何海域的界限。

3. 一份由部长证明为该协定真实副本的文件，在任何法律程序中应作为该协定内容的证据被接受。

…………

萨尔瓦多
El Salvador

（英文文本截止于 2009 年 3 月 10 日）

宪　　法
（1983 年 12 月 13 日）

第八十四条

萨尔瓦多行使管辖权和主权的共和国领土是不可分割的，在大陆领土之外还包括：

在 1917 年 3 月 9 日中美洲法院判决中所列的岛屿、列岛和小岛构成的岛屿领土，以及依据国际法属于萨尔瓦多的其他岛屿、列岛和小岛；

丰塞卡湾（Golfo de Fonseca）的领海和共享水域。丰塞卡湾是具有封闭海特点的历史性海湾，受依据国际法确立的制度的调整，并受前款提及的判决的拘束；

相应的空气空间、底土和大陆架以及岛屿陆架。而且，依据国际法，萨尔瓦多对从低潮线量起 200 海里的海域及其海床和底土行使主权和管辖权。

萨尔瓦多领土边界如下：

在西边是与危地马拉共和国的边界。该边界依据 1938 年 4 月 9 日在危地马拉城缔结的《划界条约》确定。

在北边和东边的局部是与洪都拉斯共和国的边界。该边界的部分依据 1980 年 10 月 30 日在秘鲁利马缔结的《和平总条约》划定。对于尚未划界的区域，边界依据《和平总条约》划定，或在适当的情况下，依据和平解决国际争端的机制划定。

在东边，就剩余地区而言，是与洪都拉斯共和国和尼加拉瓜共和国在丰塞卡湾水域的边界。

在南边，是太平洋形成的边界。

圣文森特和格林纳丁斯
St. Vincent and the Grenadines

（英文文本截止于 2009 年 1 月 16 日）

1983 年海洋区域法（1）
（1983 年 5 月 15 日第 15 号法律）

本法宣告海洋区域及其附带和相关事项。

第一条

本法可称为《1983 年海洋区域法》，应于总督通过公告指定之日生效执行。

第二条

在本法中，除非上下文另有规定：

"群岛海道通过"指依据国际法，专为在公海或专属经济区的一部分和公海或专属经济区的另一部分之间继续不停、迅速和无障碍地过境的目的，行使正常方式的航行和飞越的权利。

"主管当局"指为本法目的作为主管当局的部长或其指定的任何人。

"无害通过"指在不损害圣文森特和格林纳丁斯和平、良好秩序与安全的情况下，航行通过或飞越圣文森特和格林纳丁斯的水域。

"部长"指外交部长。

"军舰"指属于一国武装部队，具备辨别其国籍的外部标志，由该国政府正式委任的、名列相应的现役名册或类似名册的军官指挥和配备有服从正规武装部队纪律的船员的船舶。

"圣文森特和格林纳丁斯的水域"指圣文森特和格林纳丁斯的内水、群岛水域和领海。

第三条

圣文森特和格林纳丁斯的内水包括从群岛封闭线向陆一侧到圣文森特和格林纳丁斯整个岛屿区域的低潮标的水域。

第四条

圣文森特和格林纳丁斯的群岛水域包括从群岛基线向陆一侧到群岛封闭线的水域。

第五条

圣文森特和格林纳丁斯的领海包括从群岛基线向海延伸至 12 海里的水域。

第六条

圣文森特和格林纳丁斯的毗连区包括毗连领海并从群岛基线向海延伸至 24 海里的水域。

第七条

圣文森特和格林纳丁斯的专属经济区包括邻接领海并从群岛基线向海延伸至 200 海里的海域、海床和底土。

第八条

圣文森特和格林纳丁斯的大陆架包括邻接领海并从群岛基线向海延伸至 200 海里的海床、底土和水下区域。

第九条

圣文森特和格林纳丁斯的水域及其上空、海床和底土构成圣文森特和格林纳丁斯的领土。

第十条

1. 在本条第 2 款和第 4 款以及第十四条的限制下，外国船舶得享有无害通过圣文森特和格林纳丁斯水域的权利。

2. 若外国军舰所属国未获得主管当局的许可，该军舰不得在圣文森特和格林纳丁斯的水域航行。

3. 部长可通过在政府公报上发布通知，对以下任何或全部事项制定与外国船舶无害通过圣文森特和格林纳丁斯水域有关的规章：

（1）航行安全和海上交通管制；

（2）导航系统和设施以及其他设施或装备的保护；

（3）电缆和管道的保护；

（4）海洋生物资源的养护；

（5）预防违反与管理海洋生物资源有关的圣文森特和格林纳丁斯的法律和规章；

（6）保全圣文森特和格林纳丁斯的环境，并预防、减少和控制环境污染；

（7）海洋科学研究和水文调查；

（8）预防违反与圣文森特和格林纳丁斯的海关、财政、移民或卫生有关的法律和规章。

4. 如为保护圣文森特和格林纳丁斯安全而有必要，部长可以通过在政府公报上发布命令，在其领海的特定区域内暂时停止外国船舶的无害通过。

第十一条

1. 若外国船舶或其船长或负责人的所属国未取得主管当局的事前同意，该外国船舶在圣文森特和格林纳丁斯的水域从事任何以下活动，其通过即视为有损于圣文森特和格林纳丁斯的和平、良好秩序或安全：

（1）对圣文森特和格林纳丁斯的主权、领土完整或政治独立进行任何武力威胁或使用武力，或以任何其他违反《联合国宪章》所体现的国际法原则的方式进行武力威胁或使用武力；

（2）以任何种类的武器进行任何操练或演习；

（3）任何目的在于搜集情报使圣文森特和格林纳丁斯防务或安全受损害的行为；

（4）任何目的在于影响圣文森特和格林纳丁斯防务或安全的宣传行为；

（5）在船上起落或接载任何飞机；

（6）在船上发射、降落或接载任何军事装置；

（7）违反圣文森特和格林纳丁斯海关、财政、移民或卫生的法律和规章，上下任何商品、货币或人员；

（8）任何故意和可能对圣文森特和格林纳丁斯及其资源或环境造成损害或危害的污染行为；

（9）任何捕鱼活动；

（10）进行研究或测量活动；

（11）任何目的在于干扰圣文森特和格林纳丁斯任何通信系统或任何其他设施或设备的行为；

（12）与通过没有直接关系的任何其他活动。

2. 若外国军舰未取得第十条第 2 款要求的许可就在圣文森特和格林纳丁斯水域航行，则该外国军舰的通过即视为有损于圣文森特和格林纳丁斯的和平、良好秩序或安全。

第十二条

1. 部长可通过在政府公报上发布命令，指定适于外国船舶和飞机继续不停并迅速通过或飞越群岛水域和邻接领海的海道和空中航道。

2. 所有船舶和飞机享有在此类海道和空中航道内的群岛海道通过权。

3. 所有船舶和飞机在航行时与海岸的距离不应小于海道边缘各岛最近各点与海道中心线之间距离的百分之十。

4. 部长可通过在政府公报上公布通知，为船舶安全通过此类海道内的狭窄水道规定分道通航制，并随时对其修改和替换。

第十三条

1. 每艘船舶在通过时应尊重依据本法建立的可航行的海道和分道通航制。

2. 每艘船舶或每架飞机在行使群岛海道通过权时应：

（1）毫不迟延地通过海道；

（2）不对海峡沿岸国的主权、领土完整或政治独立进行任何武力威胁或使用武力，或以任何其他违反《联合国宪章》所体现的国际法原则的方式进行武力威胁或使用武力；

（3）除因不可抗力或遇难而有必要外，不得从事其继续不停和迅速过境的通常方式所附带发生的活动以外的任何活动。

3. 遇难船舶应：

（1）遵守一般接受的关于海上安全的国际规章、程序和惯例，包括《国

际海上避碰规则》;

（2）遵守一般接受的关于防止、减少和控制来自船舶的污染的国际规章、程序和惯例。

4.飞机在通过时应：

（1）遵守国际民用航空组织制定的适用于民用航空器的《航空规则》，国家航空器通常应遵守这种安全措施，并在操作时随时适当顾及航行安全；

（2）随时监听国际上指定的空中交通管制主管机构所分配的无线电频率或有关的国际呼救无线电频率。

5.外国船舶，包括进行海洋科学研究和水文测量的船舶在内，在通过群岛海道时，非经部长事前准许，不得进行任何研究或测量活动。

第十四条

1.部长可通过在政府公报上发布通知，对以下任何或全部事项制定与群岛海道通过有关的规章：

（1）航行安全和海上交通管理；

（2）使有关在海峡内排放油类、油污废物和其他有毒物质的适用的国际规章有效，以防止、减少和控制污染；

（3）对于渔船，防止捕鱼，包括渔具的装载；

（4）违反海峡沿岸国有关海关、财政、移民或卫生的法律和规章，上下任何商品、货币或人员。

2.每艘外国船舶在行使群岛海道通过权时，应遵守对其使用的所有法律和规章。

3.享有主权豁免的船舶的船旗国或飞机的登记国，在该船舶或飞机不遵守任何法律和规章时，应对圣文森特和格林纳丁斯遭受的任何较轻的损害负国际责任。

4.部长可就外国船舶通过圣文森特和格林纳丁斯水域时获得的特别服务对该船舶收取费用。

第十五条

在指定或替换海道、规定或替换分道通航制时，部长得向国际海事组织或其后继者提出建议，以便海道的指定或替换或分道通航制的规定或替换获得通过。

第十六条

部长应妥为公布以下事项的海图和坐标表并且将每份海图和列表的副本交存联合国秘书长：

（1）圣文森特和格林纳丁斯所有岛屿的低潮标；

（2）圣文森特和格林纳丁斯的群岛封闭线；

（3）圣文森特和格林纳丁斯的群岛基线；

（4）圣文森特和格林纳丁斯领海的外部界限；

（5）圣文森特和格林纳丁斯毗连区的外部界限；

（6）圣文森特和格林纳丁斯专属经济区的外部界限；

（7）圣文森特和格林纳丁斯大陆架的外部界限；

（8）圣文森特和格林纳丁斯群岛海道的中心线；

（9）圣文森特和格林纳丁斯水域的任何分道通航制。

第十七条

1. 若有关以下事项的圣文森特和格林纳丁斯权利与邻国的领海、毗连区、专属经济区或大陆架重叠，在达成化解协定之前，受影响的圣文森特和格林纳丁斯离岸区域的外部界限，应延伸至与圣文森特和格林纳丁斯群岛基线和邻国领海基线距离相等的线：

（1）领海；

（2）毗连区；

（3）专属经济区；

（4）大陆架。

2. 第 1 款建立的离岸界限不得解释为妨碍圣文森特和格林纳丁斯将来可能依据与邻国达成的海洋边界提出的任何主张。

第十八条

1. 圣文森特和格林纳丁斯不得对通过其领海或群岛水域的外国船舶行使刑事管辖权或进行与任何罪行有关的任何调查，但下列情形除外：

（1）罪行的后果及于圣文森特和格林纳丁斯；

（2）罪行具有扰乱圣文森特和格林纳丁斯安宁或领海良好秩序的性质；

（3）船长或船旗国外交代表或领事官员请求地方当局予以协助；

（4）这些措施是取缔违法贩运麻醉药品或精神调理物质所必要的。

2.部长可在政府公报上发布通知，对专属经济区或大陆架的人工岛屿、设施和结构上有关海关、财政、健康、安全和移民的事项制定规章。

第十九条

部长可在政府公报上发布通知，制定与在毗连区对以下事项行使控制权有关的规章：

（1）防止在圣文森特以及格林纳丁斯领土或领海内违反其海关、财政、移民或卫生的法律和规章；

（2）惩治在圣文森特和格林纳丁斯领土或领海内违反上述法律和规章的行为。

第二十条

部长可在政府公报上发布通知，制定与在专属经济区内对以下事项行使控制权有关的规章：

（1）勘探和开发、养护和管理海床上覆水域和海床及其底土的生物或非生物资源；

（2）对该区从事其他的经济性开发活动；

（3）人工岛屿、设施和结构的建造和使用；

（4）海洋科学研究；

（5）海洋环境的保护和保全；

（6）沿海国依据国际法获得的对任何其他功能性区域的管辖权。

第二十一条

部长可在政府公报上发布通知，制定与在大陆架上对以下事项行使控制权有关的规章：

（1）勘探和开发、养护和管理生物或非生物资源；

（2）人工岛屿、设施和结构的建造和使用；

（3）预防、减少和控制由海底活动引起或与之有关的海洋污染。

第二十二条

在必要时，部长可在圣文森特和格林纳丁斯专属经济区内或大陆架上的人工岛屿、设施和结构的周围设置合理的安全区，以确保航行以及这些人工岛屿、设施和结构的安全。

第二十三条

1. 本法生效时已有的每部法律，应为其与本法规定或依据本法制定的规定保持一致所进行的必要更正、修改、限制和例外规定进行解释，并且若在任何规定和任何此类已有法律之间有任何冲突时，应以本法为准。

2. "更正、修改、限制和例外规定"这一表述应包括适用于圣文森特和格林纳丁斯其他组成部分和第九条规定的整个领有区域的法律的自动扩展。

3. 在不妨碍第 1 款一般意义的情况下，总督可以在本法生效后 5 年以内发布命令，对第 1 款提及的任何已有法律进行其认为为依据第 1 款实施该法规定所必要的修改。

1983 年 5 月 19 日在议会众议院通过。

苏里南
Suriname

（英文文本截止于 2010 年 12 月 13 日）

扩大领海及建立毗连经济区的法律 *
（1978 年 4 月 14 日）

第一条

苏里南共和国的主权扩展到陆地领土和内水以外的：

（1）邻接其海岸并称为"领海"的一带海域；

（2）领海上空；

（3）领海的海床和底土。

苏里南共和国行使上述主权时，应遵守国际法的规则。

第二条

领海的外部界限为一条其上各点均同沿岸低潮线（即所谓的基线）的最近点相距 12 海里的线。

第三条

邻接苏里南共和国领海的外部界限，并自该外部界限延伸到同本法第

---

* 本译文参考了国家海洋局政策研究室编《各国专属经济区和大陆架法规选编》，法律出版社 1988 年版，第 113—117 页。——译者注

二条所述沿岸低潮线相距 200 海里的一带海域为经济区。

第四条

1. 在经济区内，苏里南共和国有勘探和开发、管理和养护海床上覆水域和海床及其底土上的生物及非生物资源的主权权利。

2. 在不妨碍前款规定的情况下，得颁布法律对下列事项作出规定：

（1）人工岛屿、结构和同样设施的建造和使用；

（2）保护海洋环境，包括采取防止污染的措施；

（3）进行科学研究和实验；

（4）利用海水和风力产能；

（5）实施目的在于该区域内经济性勘探和开发的其他活动。

第五条

在上述区域内，所有国家在适当考虑国际法的情况下，享有：

（1）航行自由；

（2）飞越自由；

（3）敷设海底电缆和管道的自由；

（4）行使与航行和通信有关的国际上承认的权利的自由。

第六条

1. 任何人未经政府法令事先许可，不得在经济区内从事侵犯第四条规定的权利的活动。

2. 许可证持有者需要满足的一般条件由政府法令规定，但许可证颁发后仍可附加特殊条件或义务。

3. 许可证持有者如有违反颁发许可证所依据的一项或几项条件或义务的行为，有关机关完全有权以公共利益为理由，或在国家利益有所要求的情况下，随时吊销许可证。类似的决定应说明吊销许可证的理由，在特殊情况下，也可不说明理由。

第七条

1. 故意违反本法或依本法制定的条款的，应处以不超过 6 年的徒刑及不超过 50 万苏盾的罚款。

2. 在处以徒刑的情况下，法官得同时判处罚款。

第八条

1.非故意违反本法或依本法制定的条款的，应处以不超过 1 年的徒刑或不超过 10 万苏盾的罚款。

2.在处以徒刑的情况下，法官得同时判处罚款。

第九条

凡未履行第六条有关许可证的一项或几项义务的，或未按期履行或全部履行的，或其行为违反这些条件的，应处以不超过 10 万苏盾的罚款。

第十条

第七条规定的处罚行为应视为刑事犯罪。第八条和第九条规定的处罚行为应视为轻微犯罪。

第十一条

实施第七、八、九条所述犯罪所使用的工具以及犯罪所得物品，应予没收。

第十二条

1.如诉讼在被提起之前，罪犯尚未查明或已经死亡，经检察官的请求，得通过司法判决作出予以没收的决定。

2.判决应由书记员在《苏里南共和国公告》及 / 或法官选定的一份或几份报纸上予以公布。

3.判决应予生效，除非有关一方在判决结果公布后两个月内向书记员提出申诉，或进一步的调查证明有关一方未犯有所述事项的罪行。

4.对根据第 1 款作出的判决，检察总长有权在 14 日内向法院提出上诉。本款规定亦适用于依第 3 款作出的判决而提出的申诉。

第十三条

如果第七、八、九条规定的处罚行为是由或通过一个集团或公司所实施，则应提起刑事诉讼，并应对指使犯罪者或非法活动或疏忽行为的实际主要实施者判处徒刑。

第十四条

1.就第七、八、九条所规定的处罚行为而言，检察官有权规定可以取消诉讼权利的自愿履行条件。

2.适用于此类犯罪的法律条款亦应适用于第七条所指的刑事犯罪。

第十五条

1. 除刑法第八条指定的人员外, 苏里南武装部队的人员及／或其他人员, 特别是由司法警察部队指定的人员, 有责任侦查本法所规定的处罚行为。

2. 侦查人员有权随时或要求没收可能用以查明事实的所有物品, 或作出全部或部分没收或撤销的命令。

第十六条

1. 如果按照第十五条所没收的货物中有易腐物品, 检察总长得同意将该物品和商品变卖。

2. 变卖应由侦查人员按照当地习惯公开进行。

3. 上述货物或商品的变卖所得, 应予没收。

第十七条

如果本法所涉事项需要作出便于执行的修订, 可为此目的发布政府法令。

第十八条

本法自公布之日起施行。

特立尼达和多巴哥
Trinidad and Tobago

（英文文本截止于 2009 年 5 月 22 日）

1969 年领海法
（1969 年 12 月 6 日第 38 号法律）

....

第一条　简称和序言

1. 本法可称为《1969 年领海法》。

2. 本法应于总督在政府公报公布的指定日期生效。

第二条　解释

在本法中：

"岛屿"指四面环水并在春季大潮时高于水面的自然形成的陆地。

"低潮线"的含义由第七条规定。

"低潮高地"指在低潮时四面环水并高于水面但在高潮时没入水中的自然形成的陆地。

"海里"指国际海里。

第三条　领海

特立尼达和多巴哥的领海包括以第五条确定的基线为内部界限，以一条其上各点与该基线上各点距离 12 海里的线为外部界限的海域。但是，若特立尼达和多巴哥的领海的外部界限与外国领水的外部界限相交，应通过协定或国际法承认的其他方式解决。

第五条

1. 测量领海的基线应是：

（1）特立尼达岛和多巴哥岛沿岸，以及构成特立尼达和多巴哥一部分的其他岛屿沿岸的低潮线；

（2）若在海岸线非常曲折的地方，或者如果紧接海岸有一系列岛屿，则是根据特立尼达和多巴哥官方大比例尺地图上标示的各点划出的直线基线。

2. 为第 1 款（1）项的目的，如果为测量领海宽度的目的而不考虑所有低潮高地，而某一低潮高地全部或部分位于领海宽度以内，则该低潮高地应视为岛屿。

第六条　女王陛下的领海和内水海床

在第五条提及的基线向陆一侧和领海外部界限向海一侧的海床或海底区域，应认为一直属于女王陛下的特立尼达和多巴哥政府。

第七条　官方海图

1. 为本法的目的，任何特定区域的低潮线应是平均春季低潮时的低水位线。该线绘制在特立尼达和多巴哥官方大比例尺海图上。

2. 在任何法院的任何法律程序中，若一份经国内事务部长或被其授权的人签署的证明书与下列描述相符，则该证明书应作为其所陈述的事项的证据被接受：

（1）任何地区的任何特定的特立尼达和多巴哥官方海图是该区域当时的最大比例尺特立尼达和多巴哥官方海图；或者

（2）任何地区缺乏特立尼达和多巴哥官方海图，而该地区的任何特定的英国海军海图是该地区当时的最大比例尺英国海军海图。

3. 在缺乏相反证据的情况下，每个签署任何此类证明书的人应被推定为经正式授权签署的人。

第八条　永久港口工程

为本法的目的，构成港口体系组成部分的永久港口工程应视为海岸的一部分。

第九条 法令约束国王

本法约束国王。

⋯⋯⋯⋯⋯

1969 年大陆架法
（1969 年 12 月 22 日第 43 号法律）

第一条

本法可称为《1969 年大陆架法》。

第二条

在本法中：

"大陆架"指邻接特立尼达岛和多巴哥岛海岸、特立尼达和多巴哥范围内所有其他岛屿海岸，但在领海之外深度为 200 米内的海床和底土，以及在该界限之外，其上覆水域的深度允许勘探和开发其自然资源的海床和底土。

"指定区域"指依据第三条第 6 款，由总督通过命令指定的区域。

"部长"指被指派负责石油事务的内阁成员。

第三条

1. 特将特立尼达和多巴哥对领海之外的海床和底土及其自然资源可以行使的任何权利授予女王陛下的特立尼达和多巴哥政府。

2. 任何人未获得部长授予的许可证即从事或试图从事任何妨碍第 1 款提及的任何权利的活动，应被认定为侵犯了这些权利。部长在此情况下，可以采取其认为为终止此类侵权行为所必要或方便的步骤，并且在不妨碍授予的权利的一般意义的情况下，此类步骤包括逮捕该人，扣押和没收或销毁此人在该侵权行为发生过程中使用的任何船舶、装备或设施。

3. 对于与任何石油资源有关的那些可行使的权利，《1960 年石油法》和依其制定的任何规章对与石油资源有关的海底区域的适用应等同于在这些法律的意义范围内的适用。

4. 依据前一款适用的法律所规定的许可证应包括操作活动中的雇员的

安全、卫生和福利条款，这些操作活动是依据那些被适用的规章授予的任何许可证授权实施的。

5. 部长应在每个财政年度准备并向议会呈交一份报告，说明：

（1）在该年度依据通过第 3 款适用的法律所授予的许可证，其所涉及的领海界限外的区域和被许可人，以及在该年度末此类许可证所载的类似信息；

（2）在该年度，依据针对此类区域的许可证所获得的天然气和其他石油资源的数量。

6. 为保护实施第 1 款规定的权利所必要的设施和设备的目的，总督可以不时通过命令指定某一区域（以下称"指定区域"），以便在此类设施和设备周围设立安全区。

7. 与个人所得税和企业所得税有关的法律以及与税收有关的任何其他法律，应适用于在大陆架上发生的与勘探和开发大陆架有关的任何活动，如同其适用于发生在特立尼达和多巴哥的任何活动。

第四条

1. 为保护指定区域的任何设施，总督可以通过命令，禁止船舶在命令规定的任何条件或例外的限制下未经其同意即进入命令中规定的区域的某个部分。

2. 如果任何船舶进入指定区域的任何部分而违反了一项依据本条制定的命令，船舶的所有人或船长应经简易程序判处 2 000 美元的罚款或 12 个月的监禁，或两者并处，除非船舶所有人或船长不知道且经合理调查被证明也不可能知道该命令所施加的条件。

第五条

1. 若一故意或过失行为发生在特立尼达和多巴哥一指定区域的设施之上、之下或以上，或发生在该设施周围 500 米的任何水域内，即构成任何现行法律规定的犯罪，而且该故意或过失行为应为该法律的目的被视为发生在特立尼达和多巴哥。

2. 在第 1 款的限制下，任何特立尼达和多巴哥内的现行法律，应适用于裁决在勘探和开发大陆架的过程中发生的故意或过失行为所引起的纠纷。

3. 特立尼达和多巴哥的法院应为裁决依据第 2 款而要按特立尼达和多

巴哥现行法律裁决的任何纠纷的目的享有管辖权，如同其对发生在特立尼达和多巴哥内的故意或过失行为所引起的纠纷享有管辖权。

第六条

1.《港务局条例》第五章（要求从事可能对航行造成阻碍或危险的某些海岸活动必须获得港务局的同意）应适用于一指定区域海床的任何部分，如同其适用于海岸，但第四十一条第 1 款（2）项除外。

2. 凡犯有依据本条适用的上述第五章规定的犯罪，应经简易程序判处 2 000 美元的罚款或 12 个月的监禁，或两者并处。

第七条

1. 如果在指定区域的任何部分发生的任何石油的排放或泄漏符合下列描述，则该管道所有人或进行该操作的人构成犯罪，除非在发生排放的情况下，其证明排放是未获得其准许（明示或默示）的某人的行为所致，或在发生泄漏的情况下，其证明已合理谨慎地预防泄漏，并在发现泄漏后尽快采取了所有合理措施阻止或减少泄漏：

（1）来源于管道；或者

（2）（除来源于船舶外）是为在指定区域勘探海床和底土或开发其自然资源所进行的任何操作导致的结果。

2. 犯有本条规定之罪的人应经简易程序判处 2 000 美元的罚款或 12 个月的监禁，或两者并处。

3. 在本条中：

"石油"指任何种类的石油，包括从该类石油中提取的酒精以及含有不少于千分之一该类石油的任何混合物。

第八条

为《无线电信条例》和依其制定的任何规章的目的，第四条规定的命令可以规定将依据该条制定的规定所涉及的某一区域或其一部分内的任何设施以及该设施周围 500 米以内的水域视同位于特立尼达和多巴哥之内。

第九条

1. 1885 年英国《海底电缆电信法》第三条（对损坏电缆的惩罚）和附件所列《公约》第五十一条（赔偿损坏电缆和为避免此类损坏的设备损耗的责任）第 1 款，应适用于公海下的所有水下电缆（不仅是《公约》所提到的那些电缆）和管道；并且前述《海底电缆电信法》第三条提及的电信应解释为电话以及电信，并且对于高电压电缆和输送管线而言，其解释应如同第 1 款从"以该种方式"到句末都删除。

2.特此废除《海底电缆电信法》第六条第 3 款（法律程序限制）和《终止公约条例》第十三条。

第十条

1.若财政部长认为任何被带入特立尼达和多巴哥的货物显示其是在任何指定区域生长、制造或生产并直接从该区域带入特立尼达和多巴哥的，为《关税法令》规定的纳税义务的目的，该货物不应视为进口。

2.对于对所有货物免税或实施减税或实行优惠措施的任何与纳税有关的法律，财政部长可以通过命令规定，为那些法律或依其制定的任何文件的目的，任何规章规定的国家的大陆架或如此规定的任何国家或某类国家的大陆架应视为构成该国的一部分，自其发出的任何货物视为由该国发运。在本款中，"大陆架"这一表述：

（1）对特立尼达和多巴哥而言，指任何指定区域；

（2）对任何其他国家而言，指邻接海岸但在该国领海向海界限以外，该国依据女王陛下的特立尼达和多巴哥政府承认或批准的国际法行使主权权利的水下海床和底土。

3.本条第 2 款规定的任何命令若被议会两院否决，则不得适用。

4.本条第 2 款和第 3 款要求或授权财政部长执行的任何事项，可由被授权代表财政部长的任何人执行。

第十一条

1.对本法规定的任何犯罪（包括通过或依据本法适用的另一法律规定的罪行，以及因第五条第 1 款而构成犯罪的任何事情）可以采取法律程序，并且可以为任何附带的目的，将该犯罪视为发生在特立尼达和多巴哥的任何地方。

2.若某一组织构成犯罪，并且该罪行的实施被证明是经该组织团体的任何主管、经理、秘书或其他类似高级职员，或任何声称以此身份行事的人的同意，或借助这些人的职务便利，或可归因于这些人的任何疏忽，此人和该组织一样构成犯罪，并应受到起诉和惩罚。

在本款中，"主管"对为从事国有制下的某一产业或某一产业或事业的一部分而设立并由董事会管理其事务的组织而言，指董事会的成员。

3. 在某一指定区域的任何设施上的警察应享有其在该区域为履行职责需要的所有权力、保护和特权。

第十二条

《劳动者赔偿条例》第四章（规定了强制保险）应适用于在某一指定区域的海床的任何部分进行操作的任何雇员，如同其适用于在特立尼达和多巴哥从事劳动的雇员。

第十三条

总督可以为执行本法制定规章，并可以通过规章更正、修改或修正《石油规章》。

第十四条

对附件第一栏提及的《港务局条例》所进行的修正，规定在附件第二栏中。

第十五条

本法应于政府公报公布的总督宣言中确定的日期生效。

修正《大陆架法》第 1:52 章的法律，1986 年第 23 号法律
（1986 年 11 月 7 日通过）

由特立尼达和多巴哥议会颁布如下法律：

第一条

本法可称为《1986 年大陆架（修正）法》。

第二条

《大陆架法》修正如下：

（1）在第二条中，对"大陆架"重新定义如下：

"'大陆架'指特立尼达和多巴哥领海以外依其陆地领土的全部自然延伸，扩展到大陆边外缘的海底区域的海床和底土。如果从测算特立尼达和

多巴哥领海宽度的基线量起到大陆边外缘的距离不到 200 海里，则扩展到 200 海里的距离。"

（2）在"大陆架"的定义之后插入如下内容：

"'大陆边'指特立尼达和多巴哥陆块没入水中的延伸部分，由大陆架、大陆坡和大陆基的海床和底土构成，不包括深海洋底及其洋脊，也不包括其底土。"

（3）紧接第二条插入第二 A 条如下：

"第二 A 条

负责对外事务的部长可以：

（1）确定从测算特立尼达和多巴哥领海宽度的基线量起 200 海里以外的大陆架外部界限；

（2）敦促将永久标明特立尼达和多巴哥大陆架外部界限的海图以及包括大地测量资料的相关信息的副本交存联合国秘书长。"

众议院于 1986 年 8 月 18 日通过。

R. L. Griffith

众议院临时秘书

参议院于 1986 年 10 月 28 日通过。

M. Carrington

参议院临时秘书

1986 年群岛水域和专属经济区法
（1986 年 11 月 11 日第 24 号法律）

本法宣告特立尼达和多巴哥共和国为群岛国，确定专属经济区和群岛水域内与特立尼达和多巴哥有关的新海域，以及特立尼达和多巴哥在这些区域内可以行使的管辖权的性质和范围，并依照 1982 年 12 月 10 日在蒙特哥湾通过的《联合国海洋法公约》规定有关事项。

（1986 年 11 月 11 日通过。）

特立尼达和多巴哥议会制定以下法律：

第一条 简称

本法可称为《1986 年群岛水域和专属经济区法》。

第一章 序 言

第二条 解释

在本法中：

"可捕量"指被指派负责渔业的部长依据相关的环境和经济因素确定的生物资源数量。

"群岛国"指由群岛构成的特立尼达和多巴哥政治实体，包括若干岛屿的若干部分、相连的水域或其他自然地形。它们彼此密切相关，以致在本质上构成一个地理和经济实体。

"群岛水域"指依据第六条划定的群岛基线所包围的水域。

"养护和管理"包括所有的方法和措施，其：

（a）要求恢复、还原或维持，或有利于恢复、还原或维持任何生物资源或海洋环境。

（b）指定是为确保：

（i）食品或其他产品的供应以及娱乐补偿的获得以持续方式进行；

（ii）避免对渔业资源或海洋环境造成不可逆转或长期的不利影响；

（iii）对该类资源的使用有可供选择的多样性。

"毗连区"指毗连领海的区域，从测算领海宽度的群岛基线量起不超过24 海里。

"大陆架"指《大陆架法》中规定的大陆架。

"公约"指 1982 年 12 月 10 日在牙买加的蒙特哥湾通过的《联合国海洋法公约》。

"鱼"包括牡蛎、蟹类、虾类、海龟、海龟蛋、珊瑚以及其他海洋生物的任何种群。

"渔业"指能作为一个整体，以便养护和管理，并在地理、科学、技术、休闲和经济特征的基础上被识别的一个或多个种群的鱼类，并包括任何此类种群的捕鱼。

"渔船"指船舶、飞行器、气垫船和其他小艇，以及不论大小和动力，能够被用于捕鱼，并为经济回报或其他物质收益、科学研究或渔获的处理、储存或运载而操作的船舶，包括用于支持或辅助捕鱼活动的任何船舶，但不包括将渔获或鱼产品作为普通货物运输的船舶。

"外国船舶"指其不少于百分之五十一的所有权属于特立尼达和多巴哥国民的船舶。

"船长"指控制船舶的任何人。

"部长"指被指派负责对外事务的部长。

"海里"指 1 852 米。

"领海"指《领海法》中规定的领海。

第二章 群 岛 国

第三条 宣布特立尼达和多巴哥为群岛国

宣布特立尼达和多巴哥共和国为一个群岛国。

第四条 群岛水域

特立尼达和多巴哥的群岛水域应包括为依据第六条划定的群岛基线所围绕的海域。

第五条 群岛水域及其上空、海床和底土的法律地位

特立尼达和多巴哥作为群岛国的主权及于：

（1）群岛水域，不论其深度或与海岸的距离；

（2）群岛水域的上空，以及海床、底土和其中的生物与非生物资源。

第六条 群岛基线

1.特立尼达和多巴哥的群岛基线应由连接群岛最外部岛屿和干礁的最外缘各点的直线基线组成。

2.依据本条划定的基线应在足以确定这些线的位置的一种或几种比例尺的海图上标出，或者可以用列出各点的地理坐标并注明大地基准点的表来代替。

3. 部长应通过在政府公报上发布公告，将该类海图或地理坐标表妥为公布，并敦促将该类海图或地理坐标表的副本交存于联合国秘书长。

第七条 领海、毗连区、专属经济区和大陆架的测量

领海、毗连区、专属经济区和大陆架的宽度应从依据第六条划定的群岛基线起测量。

第八条 内水

特立尼达和多巴哥可在其群岛水域中划出封闭线，以便划定《领海法》规定的内水。

第九条 现存的协定

1. 在不妨碍第五条规定的情况下，特立尼达和多巴哥应尊重与其他国家就群岛水域内的区域签署的现存协定和其他条约。

2. 经任何相关国家的要求，现存协定的适用范围和区域应受它们之间的双边协定调整。

第十条 海底电缆

特立尼达和多巴哥应尊重其他国家敷设的、通过其水域而不进入领海的现存海底电缆，并在接到关于这种电缆的位置和修理或更换这种电缆的意图的适当通知后，准许对其进行维修或更换。

第十一条 无害通过权

1. 在不妨碍第八条规定的情况下，所有国家的船舶享有无害通过特立尼达和多巴哥群岛水域的权利。

2. 为本条的目的，通过指为以下目的航行通过特立尼达和多巴哥群岛水域：

（1）穿过群岛水域但不进入内水或停靠内水外的停泊地或港口设施；或者

（2）驶入或驶出内水或停靠内水的停泊地或港口设施。

3. 该通过应继续不停和迅速进行，包括停船和下锚在内，但以通常航行所附带发生的或由于不可抗力或遇难所必要的或为救助遇险或遭难的人员、船舶或飞机的目的为限。

第十二条 无害通过的意义

1. 通过只要无损于特立尼达和多巴哥的和平、良好秩序或安全，就是无害的，并且这种通过的进行应符合《联合国海洋法公约》和其他相关的

国际法规则。

2. 如果外国船舶在领海内进行下列任何一种活动，其通过应视为有损于特立尼达和多巴哥的和平、良好秩序或安全：

（1）对特立尼达和多巴哥的主权、领土完整或政治独立进行任何武力威胁或使用武力，或以任何其他违反《联合国宪章》所体现的国际法原则的方式进行武力威胁或使用武力；

（2）以任何种类的武器进行任何操练或演习；

（3）任何目的在于搜集情报使特立尼达和多巴哥的防务或安全受损害的行为；

（4）任何目的在于影响特立尼达和多巴哥防务或安全的宣传行为；

（5）在船上起落或接载任何飞机；

（6）在船上发射、降落或接载任何军事装置；

（7）违反特立尼达和多巴哥有关海关、财政、移民或卫生的法律和规章，上下任何商品、货币或人员；

（8）违反《联合国海洋公约》规定的任何故意和严重的污染行为；

（9）未经部长同意即从事任何捕鱼活动；

（10）未经部长同意即进行研究或测量活动；

（11）任何目的在于干扰特立尼达和多巴哥任何通信系统或任何其他设施或设备的行为；

（12）与通过没有直接关系的任何其他活动。

第十三条　无害通过的暂停

1. 总统若认为为保护国家安全而有必要，可以发布公告以在群岛水域的特定区域暂时停止外国船舶的无害通过。

2. 这种暂时停止仅应在正式公布后发生效力。

3. 不遵守依据本法发布的公告即构成违法行为。

第三章　专属经济区

第十四条　专属经济区的建立

特立尼达和多巴哥的专属经济区（以下简称"专属经济区"）包括以领

海外部界限为其内部界限，以一条其上各点与测量领海宽度的基线上最近点距离 200 海里的线为外部界限的海域。

第十五条　海岸相邻或相向国家之间的专属经济区划界

若特立尼达和多巴哥与相邻或相向国家之间的距离不足 400 海里，专属经济区的界限应在国际法的基础上，依据特立尼达和多巴哥与该相关国家的协议划定，以便得到公平解决。

第十六条　部长可以缩减专属经济区的外部界限

为执行某一国际协定或国际机构的判决的目的，部长可以通过命令宣布，专属经济区的外部界限延伸至一条其上各点与群岛基线上最近点距离不足 200 海里的线。该条线具体规定在该命令中。

第十七条　标示在海图上的专属经济区外部界限

部长：

（1）应敦促将专属经济区的外部界限和任何划界限在足以确定这些线的位置的一种或几种比例尺的海图上标明；

（2）可以将上述海图用列出各点的地理坐标并注明大地基准点的表代替；

（3）应在政府公报上将这种海图或地理坐标表妥为公布；

（4）应将一份这种海图和坐标表的副本交存于联合国秘书长。

第十八条　特立尼达和多巴哥对海床和海底区域的法定权利

专属经济区的建立不妨碍《领海法》和《大陆架法》规定的特立尼达和多巴哥对领海和大陆架海床和海底区域的法定权利。

第十九条　特立尼达和多巴哥在专属经济区的主权权利和管辖权

特立尼达和多巴哥在专属经济区享有：

（1）对以下事项的主权权利：

（a）勘探和开发、养护和管理海床上覆水域和海床及其底土的生物和非生物资源；

（b）利用海水、海流和风力生产能。

（2）对以下事项的管辖权：

（a）人工岛屿、设施和结构的建造和使用；

（b）海洋科学研究；

（c）海洋环境的保护和保全。

第二十条　其他国家在专属经济区的权利

在现行任何其他法律的限制下，各国在专属经济区享有关于以下事项的自由：

（1）航行；

（2）飞越；

（3）在大陆架上敷设海底电缆和管道，但受特立尼达和多巴哥对该类电缆和管道的管辖权以及特立尼达和多巴哥设立敷设条件的权利的限制。

第二十一条　生物资源的养护和管理

被指派负责渔业的部长应通过适当的养护和管理措施，确保专属经济区的生物资源不受过度开发的危害，并可以经常在政府公报发布公告，以：

（1）确定专属经济区内各种鱼类的可捕量；

（2）确定特立尼达和多巴哥公民在专属经济区内捕捞的可捕量份额；

（3）在协定或其他安排的基础上，规定准许其他国家或该国国民在专属经济区捕捞的可捕量份额。

第二十二条　禁止未经同意的某些国家活动

任何国家、国际组织或个人未经特立尼达和多巴哥通过公告签发的书面同意，不得在专属经济区从事以下活动：

（1）勘探、开发、养护和管理生物和非生物资源；

（2）利用海水、海流和风力生产能；

（3）人工岛屿、设施和结构的建造和使用；

（4）海洋科学研究；

（5）海洋环境的保护和保全；

（6）任何其他此类活动。

第二十三条　公民或组织在专属经济区捕鱼的权利

关于捕鱼活动的第二十二条的规定，不应适用于特立尼达和多巴哥公民的权利，或在特立尼达和多巴哥设立的并且至少百分之五十一的股份属于特立尼达和多巴哥公民的组织的权利。

第二十四条　总统可以拒绝同意某国的海洋科学研究项目

总统可以拒绝同意他国或国际组织在专属经济区内进行海洋科学研究

项目的建议，只要该项目建议：

（1）对生物和非生物资源的勘探和开发有直接重要意义；

（2）涉及对大陆架的钻探、爆炸物的适用或在海洋环境中引入有害物质；

（3）涉及人工岛屿、设施和结构的建筑、操作或使用；

（4）包括与项目性质和对象有关的不准确信息；

（5）是由对特立尼达和多巴哥有源自之前研究项目的待履行义务的研究国或相关国际组织制定；

（6）将导致不正当地干涉特立尼达和多巴哥依据其主权权利和管辖权所从事的活动。

第二十五条 特立尼达和多巴哥通过协定或条约授权捕鱼

特立尼达和多巴哥可以通过协定或条约，授权任何国家、国际组织或个人在专属经济区、领海和群岛水域捕鱼。

第二十六条 外国渔船和船员在专属经济区、领海和群岛水域捕鱼的许可证

1.外国渔船或其船长和船员若未持有负责渔业的部长颁发的许可证，不得在专属经济区、领海和群岛水域捕鱼。

2.负责渔业的部长可以在收取法定费用后对以下对象颁发许可证：

（1）外国渔船；

（2）外国渔船的船长和船员。

3.对外国渔船颁发的许可证应载明船舶的规格和操作条件。

4.对外国渔船的船长和船员颁发的许可证应载明他们的：

（1）姓名和住址；

（2）年龄；

（3）渔民登记数量；

（4）身份证号；

（5）捕鱼经历。

第二十七条 外国渔船的捕捞量不可超过规定的可捕量

负责渔业的部长应确保：

（1）所有外国渔船的总捕捞量不可超过所有该类船舶的总可捕量；

（2）任何一国的所有该国渔船的总捕捞量不可超过规定给予该国的

份额。

第二十八条　在专属经济区、领海和群岛水域的监视

1. 第 2 款提及的那些人有权履行其职责，即在专属经济区、领海和群岛水域中进行以下活动，亦可为确保遵守本法和规章的必要对他们提起刑事法律程序：

（1）停止和登临、检查、抓捕和扣押外国渔船；

（2）扣押在该外国渔船上发现的任何渔获和设备；

（3）逮捕任何外国渔船的船长和船员。

2. 第 1 款适用的那些人是：

（1）特立尼达和多巴哥海岸警卫队成员；

（2）警察部门成员；

（3）渔业部门的渔业官员；

（4）海关官员；

（5）港务局长；

（6）部长书面授权的任何其他人。

第二十九条　豁免

1. 第二十六条的规定不适用于符合以下情况的外国渔船或该类船舶的船长和船员：

（1）其至少百分之五十一的所有权份额属于特立尼达和多巴哥公民；或者

（2）至少百分之五十一的股份属于特立尼达和多巴哥公民且为在特立尼达和多巴哥设立的公司所拥有。

2. 负责渔业的部长可以对第 1 款提及的任何此类外国渔船颁发豁免证明。

3. 外国渔船应携带豁免证明，并且该证明应在第二十八条提及的任何一人或所有人要求时出示，以便检查。

第三十条　犯罪

1. 任何外国渔船及其船长和船员，凡违反第二十六条的规定而进行如下活动，即构成犯罪，并经简易程序审判，对专属经济区、领海和群岛水域内的犯罪处以 1 万美元的罚款和 6 个月的监禁，并在此之外对暂扣或吊销许可证的所有情形，没收船舶、设备和船上发现的所有渔获：

（1）无许可证在专属经济区、领海或群岛水域捕鱼；

（2）不遵守许可证的条款；或者

（3）妨碍有权在专属经济区、领海或群岛水域进行监视的人履行其职责。

2. 通过特立尼达和多巴哥群岛水域的外国船舶及其船长和船员，凡违反第十一条或第十三条的规定即构成犯罪，并经简易程序判处 2.5 万美元的罚款和 6 个月的监禁。

3. 发生在专属经济区内的本法或规章规定的任何犯罪应视为发生在特立尼达和多巴哥。

第三十一条　被逮捕船舶及其成员的释放

依据第二十八条被抓捕和扣押的船舶以及被逮捕的船长和船员，在缴纳 10 万美元的保证金或提出其他保证后应立即获得释放。

第三十二条　规章

总统可以为实施本法的规定，对本法要求或依据本法授权需要规定的任何事项制定规章，并特别为以下事项制定规章：

（1）海洋环境的保护和保全，以及对以下来源的环境污染的预防、控制和减少：

（a）陆地来源，包括河流、河口湾、管道和排水口结构；

（b）受特立尼达和多巴哥管辖的海底活动和人工岛屿、设施和结构；

（c）倾倒；

（d）船舶；

（e）大气。

（2）专属经济区内的海洋科学研究。

（3）在专属经济区内建筑、操作和使用：

（a）人工岛屿；

（b）为经济目的的设施和结构；

（c）可能干扰特立尼达和多巴哥行使权利的设施和结构。

（4）为利用海水、海流和风力生产能的专属经济区的勘探和开发。

（5）本法的执行。

（6）对外国渔船的船长和船员、渔船和设备授予许可证。

（7）许可费用的缴纳。

（8）确定可捕鱼种。

（9）确定渔获量的限额，不论是关于特定种群或多种种群或一定期间的单船渔获量，或关于特定期间内任何国家国民的渔获量。

（10）规定鱼汛和渔区。

（11）渔具的种类、大小和数量以及渔船的种类、大小和数目。

（12）确定可捕鱼类和其他鱼种的年龄和大小。

（13）规定渔船应提交的信息，包括渔获量、捕捞能力统计和船只位置的报告。

（14）要求在政府授权和控制下进行特定渔业研究计划，并管理这种研究的进行，其中包括渔获物抽样、样品处理和相关科学资料的报告。

（15）由政府在进行特定渔业研究计划的船只上配置观察员或受训人员。

（16）进行特定渔业研究计划的船只在特立尼达和多巴哥港口卸下渔获量的全部或任何部分。

（17）有关联合企业或其他合作安排的条款和条件。

（18）对人员训练和渔业技术转让的要求，包括提高沿海国从事渔业研究的能力。

（19）指定群岛海道。

1986 年 8 月 18 日在众议院通过。

1988 年特立尼达和多巴哥群岛基线令
[1988 年 10 月 31 日第 206 号公告（1）]

部长依据《1986 年群岛水域和专属经济区法》第六条第 3 款制定。

命　令

第一条　简称

本命令可称为《1988 年特立尼达和多巴哥群岛基线令》。

第二条　坐标

特立尼达和多巴哥群岛直线基线标示了群岛水域的最外部界限和领海的最外部界限。用于确定该基线的各地理坐标点在附件一中列出。

第三条　基线

特立尼达和多巴哥群岛直线基线在附件二中列明。

第四条　测地基准

测地附表第一部分的地理坐标参照 1955 年大地坐标基准——国际椭球。

附件一
用于确定特立尼达和多巴哥群岛基线的地理坐标点
（1955 年大地坐标基准——国际椭球）

点编号	名　称	纬　度	经　度
1	东礁（East Rock）	10°08′12″N	60°59′02″W
2	卡萨克鲁斯礁（Casa Cruz Rock）	10°04′22″N	61°09′45″W
3	恶魔岛（Alcatras Rock）	10°04′19″N	61°13′28″W
4	伊卡科斯角（Icacos Point）	10°02′28″N	61°54′30″W
5	黑礁（Black Rock）	10°03′27″N	62°01′33″W
6	卡夫雷塞角（Cabresse Point）	10°41′47″N	61°45′36″W
7	卡夫雷塞岛（Cabresse Island）	10°41′58″N	61°45′25″W
8	姐妹岛（Sisters Island）	11°19′57″N	60°38′42″W
9	马布尔岛（Marble Island）	11°21′39″N	60°31′37″W
10	圣贾尔斯岛（St. Giles Island）	11°21′28″N	60°30′52″W
11	小多巴哥（Little Tobago）	11°17′39″N	60°29′40″W

附件二
特立尼达和多巴哥群岛和领海基线图

略。

特立尼达和多巴哥共和国第 77 号法律公告
——《1986 年群岛水域和专属经济区法》

通　　知

部长依据《群岛水域和专属经济区法》第六条第（3）款制定。

勘　　误

在《1988 年特立尼达和多巴哥群岛基线令》，即 1988 年 10 月 31 日特立尼达和多巴哥第 27 卷第 281 期政府公报的"法律补遗"B 部分上公布的 1988 年 10 月 31 日第 206 号公告的附件二第四条线中出现的"纬度 10°00′"属印刷错误，正确的写法是"北纬 10°00′"。特此发出公告。

1989 年 4 月 5 日
S. BASDEO
外交与国际贸易部部长

用于确定特立尼达和多巴哥群岛基线的
地理坐标点——转换为 1984 年世界大地测量系统

（由特立尼达和多巴哥根据《联合国海洋法公约》
于 2004 年 5 月 14 日向联合国秘书长交存）

点编号	名　称	纬　度	经　度
1	东礁（East Rock）	10°08′18.4″N	60°58′56.1″W
2	卡萨克鲁斯礁（Casa Cruz Rock）	10°04′28.4″N	61°09′39.1″W
3	恶魔岛（Alcatras Rock）	10°04′25.4″N	61°13′22.1″W
4	伊卡科斯角（Icacos Point）	10°02′34.4″N	61°54′24.3″W
5	黑礁（Black Rock）	10°03′33.4″N	62°01′27.3″W
6	卡夫雷塞角（Cabresse Point）	10°41′53.4″N	61°45′30.2″W
7	卡夫雷塞岛（Cabresse Island）	10°42′4.4″N	61°45′19.2″W
8	姐妹岛（Sisters Island）	11°20′3.5″N	60°38′36.0″W
9	马布尔岛（Marble Island）	11°21′45.5″N	60°31′31.0″W
10	圣贾尔斯岛（St. Giles Island）	11°21′34.5″N	60°30′46.0″W
11	小多巴哥（Little Tobago）	11°17′45.5″N	60°29′34.0″W

美利坚合众国
the United States of America (USA)

外大陆架土地法
（1953 年 8 月 7 日）

....

第 1331 条　定义

用于本分章时：

（1）"外大陆架"指按照本法第 1301 条界定的、位于可航水域覆盖下的海底区域以外的所有向海延伸的淹没地，并且淹没地的海床和底土属于美国，并受其管辖和控制。

....

第 1332 条　国会的政策声明、管辖权和解释

1.美国政策声明，外大陆架的海床和底土为美国所有并按照本分章的规定受其管辖、控制和处置。

2.本法应解释为外大陆架上覆水域的公海属性及在其中航行和捕鱼的权利不受影响。

第 1333 条　土地管理的法律和规章

1.美国宪法和法律、邻国法、国界线的公布、国家税收和管辖的限制

（1）美国宪法和法律以及民事和政治管辖权扩展至外大陆架的海床和底土，以及所有的人工岛屿和在岛屿上设立的从事勘探、开发、移动和运输资源的人工结构。由此，美国对外大陆架享有与美国联邦专属管辖区相同的专属管辖权，前提是依本法的规定签订了外大陆架上的矿藏资源合同或合同未到期。

（2）本条不应解释为任何州以任何目的在外大陆架的海床和底土上主张利益或管辖权的根据，包括其内的财产、自然资源和从中可获得的收入。

2.美国地区法院的管辖权

对于为勘探、开发、移动或通过管道运输自然资源的目的，在外大陆架进行的任何经营活动所引起的或与此相关联的、涉及外大陆架底土和海床的自然资源权利的案件和争议，美国地区法院有案件和争议的初审管辖权。此类案件或争议的诉讼可以向被告居住地或案件争议发生地法院提起，或者向距行为发生地最近的州的法院提起。

…………

5.海岸警卫队规章、岛屿和结构的标记、犯罪和处罚

（1）当认为必要时，海岸警卫队执行长官有权颁布和执行关于信号灯和其他警报装置、安全设备的合理规章，以及其他关于保护生命安全、其邻近水域上的岛屿及人工结构的财产安全和本条第 1 款提到的合理规章。

（2）为保护航行安全，在岛屿和人工结构所有者未能依照有关公布的规章适当地标识岛屿或结构的情况下，海岸警卫队执行长官可以进行标识，产生的费用由该所有者支付。任何个人或公司未能或拒绝遵守有关规则和规章的，应为其不法行为负责，并将处以不超过 100 美元的罚款。持续性违法行为超过 1 天的，将视为新的违法行为。

6.军事大臣对航行障碍的防止措施

军事部长对美国可航水域中的航行障碍采取防止措施的权力可扩展至外大陆架的人工岛屿和人工结构。

第 1334 条　租约管理

1.规则和规章、修订、与政府机构的合作、违规和处罚、租约条款的

遵守

（1）部长应执行本分章关于外大陆架租约的规定，并制定为实施这些规定所必需的规则和规章。当认为有必要或适当时，即使有任何其他规定，部长可以在任何时间制定或修订这些规则和规章以养护外大陆架自然资源、保护相关权利或者防止浪费。这些规则和规章应适用于任何根据本分章的规定签订或维持的租约下进行的经营。在执行保护法、规则和规章时，部长有权与相邻国家的保护机构合作。在不限制本条前述规定普遍性的前提下，部长据此制定的规则和规章中的内容可以包括：租约的分配与让予，以不低于市场价售卖美国特许的石油和天然气，为保护资源而制定的联营、合并和钻探协议，暂停经营和生产，租金或特许使用费，补偿特许使用费协议，以及在任何上述淹没地的石油或天然气的储藏、钻探或其他为经营或生产所必需的地役权。

（2）任何人明知且故意违反部长为养护自然资源、保护相关权利或防止浪费而制定的任何规则和规章，应被认定为违法，并处以不高于2 000美元的罚款或不长于6个月的监禁，或者并处罚款与监禁。不同日期的违法行为应视为单独的违法行为。关于本法下任何租约延期、续签或替换之后的签发和继续履行，如果该租约是根据本法第1337条的规定签订的，则上述有关租约的事项的实施应与根据本法发布的规章一致并且租约于签订当日生效；如果该租约是根据本法第1335条的规定签订的，则上述有关租约的事项的实施应与根据本法第1335条第2款（2）项发布的规章一致。

…………

第1340条　地质和地理勘探

部长授权的任何美国机构或个人均可在外大陆架进行地质和地理勘探，但不得妨碍或危及依照本法主张或准许的实际经营，不得对该区域的水生生物造成不适当的损害。

第1341条　陆地的保留和权利

1. 总统收回未租出的土地

美国总统可以随时撤销对外大陆架未租出土地的处置。

2. 矿产购买的优先取舍权

在战争期间或总统如此规定时，美国有以市场价购买全部或部分外大陆架矿物产品的优先取舍权。

3. 国防区、暂停经营、租约的扩展

为了国家安全的需要，经过总统的批准，美国保留由国防部指定限制勘探和经营外大陆架区域的权利。只要这种指定仍然有效，除非国防部同意，任何机构或个人不得在该区域表明的任何部分进行勘探和经营。如果之前签订的任何关于被限制区域的租约下的经营和生产应被暂停，在经营和生产被暂停的期间应暂停支付任何租金、最低限额的矿区土地特许费和类似租约规定的使用费。美国有责任按美国宪法的要求向租约者支付补偿金。

4. 生产可裂变物质所必要的原料来源

根据修订的 1946 年《原子能法》，外大陆架底土或海床的矿藏中包括的无论任何浓度的铀、钍和其他物质，尤其是对可裂变物质的产品所必要的物质，均为美国的使用而保留。

美国总统关于美利坚合众国专属经济区的第 5030 号公告
（1983 年 3 月 10 日）

鉴于美国政府希望促进符合国际法规则的海洋发展和利用；

鉴于国际法认为，领海以外并邻接领海的区域是专属经济区，沿海国对其自然资源享有主权和其他管辖权；并且

鉴于美国专属经济区的建立将有利于海洋资源的开发和促进海洋环境的保护，但不会影响他国对该区域的其他合法使用，包括航行和飞越的自由，

现在，我，美利坚合众国总统罗纳德·里根，以美国宪法和法律赋予我的权力，特此声明美国的国家主权和司法管辖权，同时确认所有国家在本公告所称专属经济区内的权利和自由。

美国的专属经济区是毗连领海的区域，包括毗连美国领海、波多黎各自治邦领海、北马里亚纳群岛邦领海（符合公约和《联合国托管协定》的范围）以及美国海外领土和属地领海的区域。专属经济区范围为从测算领

海宽度的基线量起200海里的区域。在邻国的海洋边界仍需要确定的情况下，专属经济区的边界应由美国和相关国家依照平等原则确定。

在国际法允许的范围内，美国在专属经济区内有：（1）以勘探和开发、养护和管理海床及其底土和海床上覆水域的自然资源（生物或非生物资源）为目的的主权权利，以及关于在该区内从事经济性开发和勘探，如利用海水、海流和风力生产能等其他活动的主权权利；（2）对为经济目的的人工岛屿、设施和结构的建造和使用以及海洋环境的保护和保全的管辖权。

本公告不得改变美国现行关于大陆架、海洋环境和包括不属于美国管辖而需要国际协议进行有效管理的高度洄游鱼种在内的渔业的政策。

美国应依照国际法规则行使这些主权权利和管辖权。

在不妨碍美国主权权利和管辖权的情况下，专属经济区是一个在美国领土和领海之外的区域。在这里，所有国家享有航行、飞越和敷设海底电缆和管道的公海自由，以及在该海域的其他国际合法用途。

我谨于公元 1983 年 3 月 10 日，即美利坚合众国独立第 207 年之 3 月 10 日，亲笔在此签名为证。

白宫
新闻办公室

美国总统的一份声明
（1983 年 3 月 10 日）

美国在发展海洋习惯法和条约法方面长期居于领导地位。美国的目标一直是提供一种促进海洋的和平和国际化使用的法律秩序，合理有效地管理和养护海洋资源。美国同样认识到所有国家都能通过这些事项获益。

1982 年 9 月，我宣布美国不签署 1982 年 12 月 10 日公开签署的《联合国海洋法公约》。我们这么做是因为公约中几个关于深海床采矿的规定既与工业化国家的利益和原则相矛盾，也不能帮助发展中国家实现目标。

美国的这些担忧并不是孤立的。一些重要的同盟国和友国也没有签署《联合国海洋法公约》，甚至一些签约国也对这些规定提出担忧。

但是，《联合国海洋法公约》同样包括有关海洋的传统使用的规定，这些规定通常确认现有的海洋法和惯例，并公平地平衡所有国家的利益。

今天，我宣布3项符合《联合国海洋法公约》和国际法的以公正和平衡的方式促进和保护美国海洋利益的决议。

第一，美国准备接受与传统利用海洋有关的利益平衡并根据这种平衡采取行动，如航行和飞越。在这方面，正如《联合国海洋法公约》上反映的一样，只要美国在国际法下的权利和自由被这些沿海国认可，美国也将承认其他国家远离其海域的权利。

第二，美国将以符合反映在《联合国海洋法公约》上的利益平衡的方式行使和维护世界范围基础上的航行和飞越的权利和自由。但是，美国不能默许其他国家旨在限制国际社会在航行、飞越和其他相关公海使用的权利和自由的单方面行为。

第三，我今天宣布一个专属经济区，在这里美国将对其海岸200海里以内的生物和非生物资源行使主权权利。该规定使美国对200海里以外且不在大陆架上的矿物资源有管辖权。在那里近期发现的矿藏可能是未来重要的战略矿产资源。

在这个区域，所有国家继续享有与资源无关的公海权利和自由，包括航行和飞越自由。本声明不能改变现行关于大陆架、海洋哺乳动物和包括不属于美国管辖的高度洄游鱼种在内的渔业政策。美国将继续致力于为这些鱼种的高效管理达成国际协议。本声明同样巩固了为促进美国渔业而制定的政府政策。

本声明不主张国际法规定的在这个区域从事海洋科学研究的管辖权。我决定这么做是为了美国利益、鼓励海洋科学研究以及避免任何不必要的负担。不过，美国承认其他沿海国家有对在距其海岸200海里内的区域从事的海洋科学研究行使管辖权的权利，前提是该管辖权的行使以符合国际法的合理方式进行。

现今建立的专属经济区同样使美国能够采取一定的额外措施来保护海洋环境。在这个方面，美国将继续通过国际海事组织和其他适当的国际组织，实施统一的国际措施并以不增加商船负担的方式保护海洋环境。

我今天宣布的政策决议不影响美国关于公海的现行法律的实行或者美国现存政府机构的权威。

除了上述政策措施，美国将继续同其他国家合作，建立一个不受不必要的政治和经济约束的制度，以开采国家管辖范围以外的深海床矿物。深海海床采矿仍应以符合公海自由原则的方式向所有国家公开。当市场准许时，美国将继续允许勘探和开发这些资源。

政府希望同议会在立法上共同努力以实施上述新政策。

美国代表团与联合国秘书长的谈话记录
（1986 年 1 月 13 日）

美国政府希望向联合国提供关于经授权的在太平洋中东部特定领域（见附录）内进行深海海床矿物资源勘探的 4 个许可证的条款附录。该条款附录公布于由国家海洋和大气局以及美国商务部发布的美国《联邦纪事》。《联邦纪事》包括被授权勘探深海床矿物资源的深海海床区域的地理坐标。

许可证的发放依照《深海床矿物资源法案》、公法 96–283 号《美国法典》第 30 章第 1401 条等。依照《深海床矿物资源法案》第 102 条第 2 款（2）项，这些许可证是专属的，不得发给"任何其他美国公民或任何互惠国家的任何公民、国家或政府机构或任何组织或存在于法律下的法律实体"。互惠国家指的是依照该法案第 118 条指定的国家。

美国政府同样注意到该法案的第 3 条第 1 款，该款规定：

根据本法案的规定，美国：

（1）对美国公民和船舶以及属于其管辖的外国人和船舶行使管辖权，并依照普遍承认的国际法原则，在公海自由从事深海床矿物资源的勘探和商业性开采；但是

（2）不得因此主张对深海床内任何区域或资源的国家主权、统治或专属权利、管辖权或所有权。

除了向联合国或其成员国证实具有勘探深海床矿物资源的许可证，美国政府借此机会宣布：鉴于所有国家在行使公海自由时有避免不合理地干涉其他国家的利益的国际法律义务，美国政府随时准备与任何其他政府磋商这个问题。美国政府还指出：美国许可证持有者的代表已经通知政府，他们也乐意与在已授权勘探深海床矿物的区域内进行活动的实体讨论避免活动冲突的问题。

美国政府请求将本谈话记录和《联邦纪事》条款附录作为秘书长办公室特别代表为海洋法公约准备的下一个海洋法公告的附录的一部分，由联合国发布。

附　　录
《联邦纪事》条款

深海床采矿；勘探许可证的发放

机构：国家海洋和大气局，商务部。

活动：向海洋矿物公司发放受条款、条件和限制约束的勘探许可证的通知。

摘要：根据《深海床矿物资源法案》和《联邦法规汇编》第 15 卷第 970 部分，国家海洋和大气局在 1984 年 8 月 29 日向海洋矿物公司（加利福尼亚州山景城伯纳多大道 465 号，邮政编码为 94043）发放受条款、条件和限制约束的许可证以从事深海床勘探活动。许可证许可区域为 USA-1 指定的位于太平洋北赤道的克拉里恩 – 克利珀顿断裂带。感兴趣的人允许在下列地址查看证可证的副本。

若想获得更多信息请联系：

约翰·W. 巴丹或劳伦斯·J. 奥尔巴克；

国家海洋和大气局，国家海洋服务中心，海洋和海岸资源管理办公室，海洋矿物和能源部门；

地址为华盛顿哥伦比亚特区威斯康星大道 2001 号佩奇 1 楼 105 房间；

邮政编码为 20235；

电话为（202）653-8257。

日期：1984 年 9 月 7 日

彼特·L. 推特

海洋和海岸资源管理办公室主任

深海床采矿；可用信息公告

机构：国家海洋和大气局，商务部。

活动：关于海洋矿物公司和肯尼科特财团深海床采矿许可证许可区域的通知，纠正海洋矿物公司坐标。

摘要：在 1984 年 11 月 30 日的《联邦纪事》第 84-31460 号文件第 47081 页中，国家海洋和大气局发布了海洋矿物公司进行深海床采矿勘探活动所覆盖区域地理坐标的公告。

区域 1 中编号为 6 的拐点坐标纬度更正为北纬 11°40′，经度更正为西经 132°20′。

若想获得更多信息请联系：

约翰·W. 巴丹或劳伦斯·J. 奥尔巴克；

国家海洋和大气局，国家海洋服务中心，海洋和海岸资源管理办公室，海洋矿物和能源部门；

地址为华盛顿哥伦比亚特区威斯康星大道 2001 号佩奇 1 楼 105 房间；

邮政编码为 20235；

电话为（202）653-8257。

日期：1985 年 1 月 2 日

彼特·L. 推特

海洋和海岸资源管理办公室主任

深海床采矿；勘探许可证的发放

机构：国家海洋和大气局，商务部。

活动：向肯尼科特财团发出的通知。

摘要：根据《深海床矿物资源法案》和《联邦法规汇编》第 15 卷第 970 部分，国家海洋和大气局在 1984 年 10 月 29 日向肯尼科特财团（犹他州盐湖城米纳勒尔广场 1515 号，邮政编码为 84147）发放受条款、条件和限制约束的许可证以从事深海床勘探活动，许可证许可区域为 USA–4 指定的位于太平洋北赤道的克拉里恩 – 克利珀顿断裂带。感兴趣的人允许在下列地址查看许可证的副本。

若想获得更多信息请联系：

约翰·W. 巴丹或劳伦斯·J. 奥尔巴克；

国家海洋和大气局，国家海洋服务中心，海洋和海岸资源管理办公室，海洋矿物和能源部门；

地址为华盛顿哥伦比亚特区威斯康星大道 2001 号佩奇 1 楼 105 房间；

邮政编码为 20235；

电话为（202）653–8257。

日期：1984 年 9 月 7 日

彼特·L. 推特

海洋和海岸资源管理办公室主任

深海床采矿；信息可用性

机构：国家海洋和大气局，商务部。

活动：关于海洋矿物公司和肯尼科特财团深海床采矿许可证许可区域的通知。

摘要：在 1984 年 8 月 29 日，国家海洋和大气局向海洋矿物公司发放了指导其在太平洋北赤道克拉里恩 – 克利珀顿断裂带、面积约为 165 533 平方公里的海床区域中进行深海床采矿勘探活动的许可证（USA–1 所指定的）。

1984 年 11 月 20 日，海洋矿物公司正式撤销给予其许可证许可区域的精确位置保密对待的请求，并请求国家海洋和大气局告知公众这一事实并公开坐标。

1984 年 10 月 29 日，国家海洋和大气局向肯尼科特财团发放了指导其在太平洋北赤道克拉里恩 – 克利珀顿断裂带、面积约为 65 000 平方公里的海床区域进行深海床采矿勘探活动的许可证（USA-4 所指定的）。1984 年 11 月 21 日，肯尼科特财团正式撤销给予其许可证许可区域的精确位置保密对待的请求，并请求国家海洋和大气局告知公众这一事实并公开坐标。

根据上述请求和《联邦法规汇编》第 15 卷第 970 部分第 902 条(d)款(5)项，国家海洋和大气局特此公开海洋矿物公司和肯尼科特财团深海床采矿许可证许可区域的坐标。

海洋矿物公司许可证适用于两个区域，界限为以下拐点组成的线：

区域 1

拐 点	纬 度	经 度
1	13°40′N	128°35′W
2	11°40′N	128°35′W
3	11°40′N	131°15′W
4	11°30′N	131°15′W
5	11°30′N	132°00′W
6	11°40′N	132°20′W
7	11°40′N	133°50′W
8	12°50′N	133°50′W
9	12°50′N	132°15′W
10	13°20′N	132°15′W
11	13°20′N	130°00′W
12	13°40′N	130°00′W
1	13°40′N	128°35′W

区域 2

拐　点	纬　度	经　度
1	11°50′N	145°00′W
2	11°50′N	143°15′W
3	10°45′N	143°15′W
4	10°45′N	142°15′W
5	9°45′N	142°15′W
6	9°45′N	142°45′W
7	9°15′N	142°45′W
8	9°15′N	143°45′W
9	10°00′N	143°45′W
10	10°00′N	144°00′W
11	9°45′N	144°00′W
12	9°45′N	144°45′W
13	9°30′N	144°45′W
14	9°30′N	145°00′W
1	11°50′N	145°00′W

肯尼科特财团许可证适用区域界限为以下拐点组成的线：

拐　点	纬　度	经　度
1	14°20′ N	128°00′ W
2	14°20′ N	126°15′ W
3	13°45′ N	126°15′ W
4	13°45′ N	125°20′ W
5	12°15′ N	125°20′ W
6	12°15′ N	127°00′ W
7	11°40′ N	127°00′ W
8	11°40′ N	127°43′ W

续　表

拐　点	纬　度	经　度
9	12°00′ N	127°43′ W
10	12°00′ N	128°00′ W
1	14°20′ N	128°00′ W

与海洋矿物公司和肯尼科特财团发布的环境影响报告书中所陈述的公开政策一致，国家海洋和大气局将本公告的副本寄给受领环境影响报告书的个人、组织和机构。

若想获得更多信息请联系：

约翰·W. 巴丹或劳伦斯·J. 奥尔巴克；

国家海洋和大气局，国家海洋服务中心，海洋和海岸资源管理办公室，海洋矿物和能源部门；

地址为华盛顿哥伦比亚特区威斯康星大道 2001 号佩奇 1 楼 105 房间；

邮政编码为 20235；

电话为（202）653–8257。

日期：1984 年 9 月 7 日

彼特·L. 推特

海洋和海岸资源管理办公室主任

深海床采矿；勘探许可证的发放

机构：国家海洋和大气局，商务部。

活动：向海洋管理公司发放受条款、条件和限制约束的勘探许可证的通知。

摘要：根据《深海床矿物资源法案》和《联邦法规汇编》第 15 卷第 970 部分，国家海洋和大气局在 1984 年 8 月 29 日向海洋管理公司（纽约州纽约市纽约广场 1 号，邮政编码为 10004）发放受条款、条件和限制约束的许可证以从事深海床勘探活动，许可证许可区域为 USA–2 指定的位于太平洋北赤道的克拉里恩 – 克利珀顿断裂带。感兴趣的人允许在下列地址查看许可证的副本。

若想获得更多信息请联系：

约翰·W. 巴丹或劳伦斯·J. 奥尔巴克；

国家海洋和大气局，国家海洋服务中心，海洋和海岸资源管理办公室，海洋矿物和能源部门；

地址为华盛顿哥伦比亚特区威斯康星大道 2001 号佩奇 1 楼 105 房间；

邮政编码为 20235；

电话为（202）653–8257。

日期：1984 年 9 月 7 日

彼特·L. 推特

海洋和海岸资源管理办公室主任

深海床采矿；信息可用性

机构：国家海洋和大气局，商务部。

活动：关于海洋管理公司深海床采矿许可证许可区域的通知。

摘要：在 1984 年 8 月 29 日，国家海洋和大气局向海洋管理公司发放了指导其在太平洋北赤道克拉里恩 – 克利珀顿断裂带、面积约为 136 000 平方公里的海床区域进行深海床采矿勘探活动的许可证（USA–2 所指定的）。海洋管理公司正式撤销给予其许可证许可区域的精确位置保密对待的请求，并请求国家海洋和大气局告知公众这一事实并公开坐标。

根据上述请求和《联邦法规汇编》第 15 卷第 970 部分第 902 条（d）款（5）项，国家海洋和大气局特此公开海洋管理公司深海床采矿许可证许可区域的坐标。

海洋管理公司许可证适用区域界限为以下拐点组成的线：

拐　点	纬　度	经　度
1	15°25′N	134°00′W
2	14°00′N	134°00′W
3	14°00′N	133°50′W
4	11°30′N	133°50′W
5	11°30′N	136°00′W
6	10°50′N	136°00′W
7	10°50′N	137°50′W
8	12°30′N	137°50′W
9	12°30′N	136°00′W
10	15°25′N	136°00′W
1	15°25′N	134°00′W

与海洋管理公司发布的环境影响报告书中所陈述的公开政策一致，国家海洋和大气局将本公告的副本寄给受领环境影响报告书的个人、组织和机构。

若想获得更多信息请联系：

约翰·W. 巴丹或劳伦斯·J. 奥尔巴克；

国家海洋和大气局，国家海洋服务中心，海洋和海岸资源管理办公室，海洋矿物和能源部门；

地址为华盛顿哥伦比亚特区威斯康星大道 2001 号佩奇 1 楼 105 房间；

邮政编码为 20235；

电话为（202）653-8257。

日期：1984 年 9 月 7 日

彼特·L. 推特

海洋和海岸资源管理办公室主任

深海床采矿；勘探许可证的发放

机构：国家海洋和大气局，商务部。

活动：向海洋采矿协会发放的受条款、条件和限制约束的勘探许可证的通知。

摘要：根据《深海床矿物资源法案》和《联邦法规汇编》第 15 卷第 970 部分，国家海洋和大气局在 1984 年 8 月 29 日向海洋采矿协会（弗吉尼亚州格洛斯特市博克斯 2 号，邮政编码为 23062）发放受条款、条件和限制约束的许可证以从事深海床勘探活动。许可证许可区域为 USA-3 指定的位于太平洋北赤道的克拉里恩 – 克利珀顿断裂带。感兴趣的人允许在下列地址查看许可证的副本。

若想获得更多信息请联系：

约翰·W. 巴丹或劳伦斯·J. 奥尔巴克；

国家海洋和大气局，国家海洋服务中心，海洋和海岸资源管理办公室，海洋矿物和能源部门；

地址为华盛顿哥伦比亚特区威斯康星大道 2001 号佩奇 1 楼 105 房间；

邮政编码为 20235；

电话为（202）653-8257。

日期：1984 年 9 月 7 日

彼特·L. 推特

海洋和海岸资源管理办公室主任

深海床采矿；信息可用性

机构：国家海洋和大气局，商务部。

活动：关于海洋采矿协会深海床采矿许可证许可区域的通知。

摘要：在 1984 年 8 月 29 日，国家海洋和大气局向海洋采矿协会发放了指导其在太平洋北赤道克拉里恩 – 克利珀顿断裂带的海床区域进行深海床采矿勘探活动的许可证（USA-3 所指定的）。1984 年 10 月 26 日，海洋采矿协会正式撤销给予其许可证许可区域的精确位置保密对待的请求，并请求国家海洋和大气局告知公众这一事实并公开坐标。根据该请求和《联邦法规汇编》第 15 卷第 970 部分第 902 条（d）款（5）项，国家海洋和大气局特此公开海洋采矿协会深海床采矿许可证许可区域的坐标。

海洋采矿协会许可证适用区域界限为以下拐点组成的线：

拐　点	纬　度	经　度
1	15°20′N	128°35′W
2	15°20′N	127°50′W
3	15°15′N	127°50′W
4	15°15′N	127°46′W
5	15°44′N	127°46′W
6	15°44′N	125°20′W
7	16°14′N	125°20′W
8	16°14′N	124°20′W
9	16°04′N	124°20′W
10	16°04′N	123°25′W
11	15°44′N	123°25′W
12	15°44′N	122°20′W
13	14°10′N	122°20′W
14	14°10′N	122°45′W
15	13°21′N	122°45′W
16	13°21′N	123°00′W
17	12°56′N	123°00′W
18	12°56′N	123°35′W

续　表

拐　点	纬　度	经　度
19	14°05′N	123°35′W
20	14°05′N	125°00′W
21	13°45′N	125°00′W
22	13°45′N	126°15′W
23	14°20′N	126°15′W
24	14°20′N	128°00′W
25	12°00′N	128°00′W
26	12°00′N	127°43′W
27	11°40′N	127°43′W
28	11°40′N	128°35′W
1	15°20′N	128°35′W

该区域（面积约为 156 000 平方公里）包括深海冒险公司（Deepsea Ventures）（海洋采矿协会的前身，现为海洋采矿协会的海洋经营单位）在 1974 年 11 月 15 日主张的面积约为 60 000 平方公里的区域的大部分。当天，深海冒险公司向国务秘书提交了发现的通知和关于在该区域具有专属采矿权的公告，并广为公布该事实。

与海洋采矿协会发布的环境影响报告书中所陈述的公开政策一致，国家海洋和大气局将本公告的副本寄给受领环境影响报告书的个人、组织和机构。

若想获得更多信息请联系：

约翰·W. 巴丹或劳伦斯·J. 奥尔巴克；

国家海洋和大气局，国家海洋服务中心，海洋和海岸资源管理办公室，海洋矿物和能源部门；

地址为华盛顿哥伦比亚特区威斯康星大道 2001 号佩奇 1 楼 105 房间；

邮政编码为 20235 ;

电话为（202）653-8257。

日期 : 1984 年 11 月 7 日

詹姆斯·P. 布利泽德

海洋和海岸资源管理办公室

1986 年泰坦尼克海事纪念法

略。

通告及《联邦纪事》条款附录

根据 1986 年 1 月 13 日的通告，美国政府向联合国通告了关于授权在太平洋中东部的特定领域内进行深海床矿物资源勘探的 4 个许可证的条款附录。该条款附录公布在由国家海洋和大气局以及美国商务部发布公告的美国《联邦纪事》上。《联邦纪事》条款包括了被授权勘探深海床矿物资源的深海床的地理坐标。该通告和相关的许可证公告被发布在 1986 年 4 月第 7 号《联合国海洋法公告》。

1987 年 7 月的谈判成功解决了有关矿区位置重叠的问题，因矿区坐标的改变，上述许可证中的 3 个已被修正。这些修正的许可证在《联邦纪事》条款附录中进行了说明。

美国政府请求将本通告及《联邦纪事》条款附录作为秘书长办公室特别代表为海洋法公约准备的下一个海洋法公告的一部分，由联合国发布。

国家海洋和大气局
深海床采矿：矿区地址修正的批准和修正后坐标的公布

机构：国家海洋和大气局，商务部。

活动：关于批准深海床采矿勘探许可证许可区域修正和公布修正后坐标的通知。

摘要：根据《深海床矿物资源法案》和《联邦法规汇编》第 15 卷第 970 部分以及受影响的美国许可证持有者的请求，国家海洋和大气局于 1988 年 2 月 22 日批准并向海洋管理公司和海洋采矿协会分别发布勘探许可证 USA-2 和 USA-3 的修正。1987 年 10 月 7 日和 16 日，在《联邦纪事》第 52 卷第 37490 页和第 52 卷第 38504 页，国家海洋和大气局公布了被提议的许可证许可区域变为 USA-2 和 USA-3 以及向海洋矿物公司发布的勘探许可证 USA-1 的公告，并简要说明了这些区域的修正情况。没有收到对批准被请求修正的异议。国家海洋和大气局稍后将宣布修正许可证 USA-1 的最终行动。

根据《联邦法规汇编》第 15 卷第 970.512 到 970.514 部分的规定，国家海洋和大气局修正了许可证 USA-2 和 USA-3 的许可证条款、条件和限制 [TRC（5）]，来约束勘探活动以反映重叠矿区问题的解决方案。所有其他的 TCRs 许可证将继续有效。

向海洋管理公司发布的 USA-2

国家海洋和大气局于 1984 年 12 月 11 日在《联邦纪事》第 49 卷第 48205 页公布了海洋管理公司勘探许可证许可区域的坐标。许可证许可区域现已修正，并导致了经营区域从大约 135 100 平方公里减少到大约 112 500 平方公里，减少面积约为 22 600 平方公里。已完成的修正如下所述：

（1）海洋管理公司因让出而减少的许可证许可区域如下：

拐　点	纬　度	经　度
1	12°50′N	133°50′W
2	12°50′N	134°00′W

续　表

拐　点	纬　度	经　度
3	13°00′N	134°00′W
4	13°00′N	134°15′W
5	12°30′N	134°15′W
6	12°30′N	134°04′W
7	12°11′6″N	134°04′W
8	12°11′6″N	133°50′W
1	12°50′N	133°50′W

上述区域已经被要求增加到海洋矿物公司勘探许可证许可范围内。

（2）原始许可证的经营区域因有关许可证条款、条件和限制的 TCR（5）增加了第（b）（c）项而减少了。TCR（5）现规定如下：

（5）公海自由的要求

（a）被许可方在进行勘探活动时，不应无理干扰其他国家行使国际法一般原则所承认的公海自由的权利，如捕鱼、航行、敷设海底管道和电缆以及科学研究的自由（《联邦法规汇编》第 15 卷第 970.520 部分）。

（b）特别地，根据 1987 年 8 月 14 日美国和苏维埃社会主义共和国联盟协定中关于解决海洋管理公司和优伊莫洛甘洛盖雅公司（Yuzhmorgeologiya）之间深海床矿址重叠问题的规定，海洋管理公司不得在下列区域从事勘探活动，也不得妨碍其他经营者在下列区域的勘探或商业开采活动：

拐　点	纬　度	经　度
1	13°30′N	134°45′W
2	13°30′N	133°50′W
3	12°50′N	133°50′W
4	12°50′N	134°00′W
5	13°00′N	134°00′W

拐　点	纬　度	经　度
6	13°00′N	134°15′W
7	12°30′N	134°15′W
8	12°30′N	134°04′W
9	12°11.6′N	134°04′W
10	12°11.6′N	133°50′W
11	11°30′N	133°50′W
12	11°30′N	134°45′W
1	13°30′N	134°45′W

（c）如果采取的行动违反了上述 1987 年 8 月 14 日的协定，包括与此有关的谅解，国务院主动或在国家海洋和大气局或受影响的许可证持有者提出请求后的 60 日内作出决议，并在作出决议之前与国家海洋和大气局或受影响的许可证持有者协商。如果确定是该种情况，国务院和国家海洋和大气局将与受影响的许可证持有者协商后，应采取适当的行动以寻求违反活动的补救办法。如果这种违反不能在确定其发生后的 90 日内补救，国家海洋和大气局应依照国家海洋和大气局规章取消或修改 TCR（5）（b）项中规定的限制，或立即采取其他适当和有效的行动。

向海洋采矿协会发布的 USA-3

A. 修正的许可证区域

国家海洋和大气局于 1984 年 11 月 13 日在《联邦纪事》第 49 卷第 44938 页公布了海洋采矿协会勘探许可证许可区域的坐标。

许可证许可区域现已修正，并导致了经营区域从大约 156 060 平方公里减少到大约 150 310 平方公里，减少面积约为 5 750 平方公里。原始许可证许可的经营区域因有关许可证条款、条件和限制的 TCR（5）增加了第（b）（c）项而减少了。TCR（5）现规定如下：

（5）公海自由条件

（a）被许可方在进行勘探活动时，不应无理干扰其他国家行使国际法一般原则所承认的公海自由的权利，如捕鱼、航行、敷设海底管道和电缆以及科学研究的自由（《联邦法规汇编》第 15 卷第 970.520 部分）。

（b）特别地，根据 1987 年 8 月 14 日美国和苏维埃社会主义共和国联盟协定中、关于解决海洋管理公司和优伊莫洛甘洛盖雅公司（Yuzhmorgeologiya）之间深海床矿址重叠问题的规定，海洋采矿协会不得在下列区域从事勘探活动，也不得妨碍其他经营者在下列区域的勘探或商业开采活动：

拐 点	纬 度	经 度
1	14°45′N	128°12.5′W
2	14°37.5′N	128°12.5′W
3	14°37.5′N	128°9.13′W
4	14°15′N	128°9.13′W
5	14°15′N	128°5′W
6	14°00′N	128°5′W
7	14°00′N	128°10′W
8	13°55′N	128°10′W
9	13°55′N	128°15′W
10	13°34.56′N	128°15′W
11	13°34.56′N	128°35′W
12	14°45′N	128°35′W
1	14°45′N	128°12.5′W

（c）如果采取的行动违反了上述 1987 年 8 月 14 日的协定，包括与此有关的谅解，国务院主动或在国家海洋和大气局或受影响的许可证持有者提出请求后的 60 日内作出决议，并在作出决议之前与国家海洋和大气局或受影响的许可证持有者协商。如果确定是该种情况，国务院和国家海洋和大气局将与受影响的许可证持有者协商后，应采取适当的行动以寻求违反活动的补救办法。如果这种违反不能在确定其发生后的 90 日内补救，国家海

洋和大气局应依照国家海洋和大气局规章取消或修改 TCR（5）（b）项中规定的限制，或立即采取其他适当和有效的行动。

B. 临时保留参考区域动议

海洋采矿协会向国家海洋和大气局提出了磋商请求，目的是将海洋采矿协会早前指定的 USA–3 中大约 6 520 平方公里的区域作为临时保留参考区域。被提议区域的坐标如下：

拐　点	纬　度	经　度
1	14°10′N	128°5′W
2	14°10′N	128°0′W
3	12°55′N	128°0′W
4	12°55′N	128°27.5′W
5	12°32.5′N	128°27.5′W
6	12°32.5′N	128°35′W
7	13°34.56′N	128°35′W
8	13°34.56′N	128°15′W
9	13°55′N	128°15′W
10	13°55′N	128°10′W
11	14°00′N	128°10′W
12	14°00′N	128°5′W
1	14°10′N	128°5′W

该提议与国家海洋和大气局监控深海床采矿的环境影响的方式一致。国家海洋和大气局的方式响应了国家研究会和国家科学院专家组对这个问题的引导。国家海洋和大气局同样同意海洋采矿协会的建议，认为这样的提议可以成为建议性合作研究计划的催化剂和核心，可以为工业、国家和国际社会带来额外的好处。

鉴于上述考虑，国家海洋和大气局相信，实施海洋采矿协会的提议以及为研究和监控环境的目的而进一步研究海洋采矿协会关于参考保护区域的提议是有益的。

日期：1988 年 2 月 26 日

国家海洋和大气局
深海床采矿：矿区地址修正的批准和修正后坐标的公布

机构：国家海洋和大气局，商务部。

活动：关于批准深海床采矿勘探许可证许可区域修正和公布修正后坐标的通知。

摘要：根据《深海床矿物资源法案》和《联邦法规汇编》第 15 卷第 970 部分以及许可证持有者的请求，国家海洋和大气局于 1988 年 4 月 5 日批准并向海洋矿物公司发布勘探许可证 USA–1 的 2 号修正。1987 年 10 月 7 日和 16 日，在《联邦纪事》第 52 卷第 37490 页和第 52 卷第 38504 页，国家海洋和大气局分别向海洋矿物公司、海洋管理公司和海洋采矿协会公布了被提议的许可证许可区域变为 USA–1、USA–2 和 USA–3 的通知，并简要说明了这些区域的修正情况。没有收到对批准被请求修正案的异议。国家海洋和大气局于 1988 年 3 月 3 日在《联邦纪事》第 53 卷第 6858 页公布了 USA–2 和 USA–3 的修正案。

根据《联邦法规汇编》第 15 卷 970.512 到 970.514 部分的规定，国家海洋和大气局核准了增加的新勘探区域，修改了许可证 USA–1 的许可证条款、条件和限制 [TRC（5）]，来约束勘探活动以反映重叠矿区问题的解决方案。所有其他的 TCRs 许可证将继续有效。

国家海洋和大气局于 1984 年 11 月 30 日在《联邦纪事》第 49 卷第 47081 页公布了海洋矿物公司勘探许可证许可区域的坐标。许可证 USA–1 的许可区域现已修正，并导致了经营区域从大约 165 533 平方公里增加到大约 168 841 平方公里，增加面积约为 3 308 平方公里。已完成的修正如下：

（1）增加的许可证区域如下：

	拐 点	纬 度	经 度
a）	1	13°29′N	131°00′W
	2	13°20′N	131°00′W
	3	13°20′N	132°15′W
	4	13°29′N	132°15′W
	1	13°29′N	131°00′W
b）	1	13°00′N	134°00′W
	2	12°50′N	134°00′W
	3	12°50′N	133°50′W
	4	12°11′N	133°50′W
	5	12°11′N	134°04′W
	6	12°30′N	134°04′W
	7	12°30′N	134°15′W
	8	13°00′N	134°15′W
	1	13°00′N	134°00′W
c）	1	11°30′N	131°30′W
	2	11°00′N	131°30′W
	3	11°00′N	132°30′W
	4	10°30′N	132°30′W
	5	10°30′N	133°30′W
	6	11°00′N	133°30′W
	7	11°00′N	133°40′W
	8	11°40′N	133°40′W

续　表

拐　点	纬　度	经　度
9	11°40′N	132°20′W
10	11°30′N	132°00′W
1	11°30′N	131°30′W

（2）原始许可证的经营区域因有关许可证条款、条件和限制的 TCR（5）增加了第（b）（c）项而减少了。TCR（5）现规定如下：

（5）公海自由条件

（a）被许可方在进行勘探活动时，不应无理干扰其他国家行使国际法一般原则所承认的公海自由的权利，如捕鱼、航行、敷设海底管道和电缆以及科学研究的自由（《联邦法规汇编》第 15 卷第 970.520 部分）。

（b）特别地，根据 1987 年 8 月 14 日美国和苏维埃社会主义共和国联盟协定中关于解决海洋管理公司和优伊莫洛甘洛盖雅公司（Yuzhmorgeologiya）之间深海床矿址重叠问题的规定，海洋矿物公司不得在下列区域从事勘探活动，也不得妨碍其他经营者在下列区域的勘探或商业开采活动：

	拐　点	纬　度	经　度
a）	1	13°40′0″N	128°35′0″W
	2	13°20′2″N	128°35′0″W
	3	13°20′2″N	130°00′0″W
	4	13°40′0″N	130°00′0″W
	1	13°40′0″N	128°35′0″W
b）	1	12°50′0″N	132°15′0″W
	2	12°31′1″N	132°15′0″W
	3	12°31′1″N	133°30′6″W
	4	12°50′0″N	133°30′6″W
	1	12°50′0″N	132°15′0″W

续　表

拐　点		纬　度	经　度
c）	1	11°50′0″N	143°37′9″W
	2	11°00′0″N	143°37′9″W
	3	11°00′0″N	145°00′0″W
	4	11°50′0″N	145°00′0″W
	1	11°50′0″N	143°37′9″W

（c）如果采取的行动违反了上述 1987 年 8 月 14 日的协定，包括与此有关的谅解，国务院主动或在国家海洋和大气局或受影响的许可证持有者提出请求后的 60 日内作出决议，并在作出决议之前与国家海洋和大气局和受影响的许可证持有者协商。如果确定是该种情况，国务院和国家海洋和大气局将与受影响的许可证持有者协商后，应采取适当的行动以寻求违反活动的补救办法。如果这种违反不能在确定其发生后的 90 日内补救，国家海洋和大气局应依照国家海洋和大气局规章取消或修改 TCR（5）（b）项中规定的限制，或立即采取其他适当和有效的行动。

日期：1988 年 4 月 13 日

美国总统关于美国领海的公告
（1988 年 12 月 27 日）

国际法承认沿海国可以对其领海行使国家主权和司法管辖权。

美国领海指美国陆地领土及其内水以外的海域，美国对其行使国家主权和司法管辖权，该权利及于领海的上空及其海床和底土。

美国将领海扩展至国际法允许的范围，将有利于美国国家安全和其他重要利益。

为此，我，美利坚合众国总统罗纳德·里根，以美国宪法和法律赋予我的权力，并按照国际法的规定，特此宣布延长美国、波多黎各自由邦、关岛、美属萨摩亚群岛、美属维尔京群岛、北马里亚纳联邦和其他美国行使主权的领土或属地的领海。

自此以后，美国领海的范围为从根据国际法确定的美国基线量起的 12 海里。

按照体现国际法原则的 1982 年《联合国海洋法公约》的相关规定，在美国领海内，任何国家的船舶均享有无害通过权，任何国家的船舶和飞机享有国际海峡的过境通行权。

本公告的任何规定不得：

（a）扩展或改变现行联邦法或州法，或源自联邦法或州法的任何管辖权、权利、法律利益或责任；或者

（b）妨碍按照国际法所作的任何涉及外国管辖权的美国海洋边界的决定。

我谨于 1988 年 12 月 27 日，即美利坚合众国独立第 213 年之 12 月 27 日，亲笔在此签名为证。

罗纳德·里根

《马格努森渔业保护和管理法修正案》备忘录
——把金枪鱼作为一种高度洄游鱼类种群纳入
美国司法管辖的修正案
（1991 年 5 月 22 日）

美利坚合众国常驻联合国代表向海洋法秘书长特别代表致意，并提请其注意《马格努森渔业保护和管理法修正案》的颁布。

美国法律中最重要的改变是修正案在专属经济区内把金枪鱼作为一种高度洄游鱼类种群纳入美国司法管辖。因此，美国现在承认在专属经济区内对金枪鱼这一高度洄游鱼类种群的司法管辖权主张。在该修正案之前，美国只承认其他国家在 12 海里的海域内对金枪鱼的司法管辖权主张。本修正案将使美国在高度洄游鱼类种群的立场上与签署 1982 年《联合国海洋法公

约》的国家保持一致。

　　本修正案于 1992 年 1 月 1 日生效。到此日期时，美国将对专属经济区内的该鱼种享有管理权。美国承认沿海国有关其专属经济区的类似声明。

国务院第 2237 号公告

　　美国通过第 5030 号总统令，确立了其专属经济区为从测算领海宽度的基线量起，距离基线不超过 200 海里的点的连线。

　　美利坚合众国政府不管在过去、现在或者未来都会秉持协商和谈判的态度与邻国政府共同解决受联邦管辖的地区边界问题。

　　下面所述的美国专属经济区的界限不妨碍美国与邻国的任何谈判，也不妨碍就专属经济区的海洋管辖权的界限已经采取或可能采取的任何立场。并且，下面所述的有关美国专属经济区的界限不影响美国大陆架的外部界限，根据国际法，该外部界限从基线延伸超过 200 海里。

　　下列涉及 1977 年 5 月 1 日确定的美国海洋边界和渔业保护区的公告已被发布：第 506 号公告，《联邦纪事》第 41 卷 214 号，1976 年 11 月 4 日，48619–20；第 526 号公告，《联邦纪事》第 42 卷 44 号，1977 年 3 月 7 日，12937–40；第 544 号公告，《联邦纪事》第 42 卷 92 号，1977 年 5 月 12 日，24134；第 4710–01 号公告，《联邦纪事》第 43 卷 7 号，1978 年 1 月 11 日，1658；第 585 号公告，《联邦纪事》第 43 卷 7 号，1978 年 1 月 11 日，1659；第 910 号公告，《联邦纪事》第 49 卷 155 号，1984 年 8 月 9 日，31973。

　　本公告废除上述公告规定的所有界限。

　　因此，国务院代表美国政府特此公告美利坚合众国专属经济区的界限。美国在其专属经济区根据国际法的有关规定行使主权权利和管辖权，包括在与邻国必须有但尚未确定海洋边界的区域行使这些权利，直到与该邻国根据双边协定确定永久海洋边界。

　　为国务院积极有效履行其外交责任，关于这一主题的公告必须及时有效地发布（详见《美国法典》第 553 条（a）款（1）项（B）目。）

如无特别说明，这里的坐标系采用克拉克 1866 椭球体 * 和北美 1927 基准面（"NAD27"）**。没有特别指明的话，这里的直线是大地线 ***

美国大西洋海岸和墨西哥湾

在缅因湾地区，专属经济区的界限是下列坐标的连线 ****：

坐标点	纬 度	经 度
1	44°46′35.346″N	66°54′11.253″W
2	44°44′41″N	66°56′17″W
3	44°43′56″N	66°56′26″W
4	44°39′13″N	66°57′29″W
5	44°36′58″N	67°00′36″W
6	44°33′27″N	67°02′57″W
7	44°30′38″N	67°02′38″W
8	44°29′03″N	67°03′42″W
9	44°25′27″N	67°02′16″W
10	44°21′43″N	67°02′33″W
11	44°14′06″N	67°08′38″W
12	44°11′12″N	67°16′46″W

---

* 椭球体是大地测量计算的基准面，也是研究地球形状和地球投影的参考面。北美洲一直都在使用克拉克在 1866 年确定的旋转椭球体。克拉克 1866 旋转椭球体的长半轴为 6 378 206.4 米，短半轴为 6 356 583.8 米，椭球扁率倒数为 294.9786。——译者注
** 基准面是指用来准确定义三维地球形状的一组参数和控制点。北美 1927 基准面（"NAD27"）使用克拉克 1866 旋转椭球体表示地球形状，此基准面的原点是位于堪萨斯州的一个名为 Meades Ranch 的点（39°13′26.686″N，98°32′30.506″W）。——译者注
*** 大地线特指地球表面两点连线最短的线。——译者注
**** 点 1 到点 12 的连线不符合加拿大在 1977 年 1 月 1 日就加拿大和美国在马恰斯海豹岛和北岩地区存在的主权问题而制定的加拿大渔业区界限的规定。点 12 到点 15 的连线是由国际法庭在 1984 年 10 月 14 日，根据两国政府递交的缅因湾地区争端解决海洋划界协议（TIAS10204）确定的美国与加拿大的海洋边界。

坐标点	纬 度	经 度
13	42°53′14″N	67°44′35″W
14	42°31′08″N	67°28′05″W
15	40°27′05″N	65°41′59″W

在点 15 和点 16 之间，专属经济区向海方向的界限是一条距测量领海宽度的基线 200 海里的线。

在布莱克高原、佛罗里达海峡以及墨西哥湾东部地区，专属经济区的界限是下列坐标的连线 *：

坐标点	纬 度	经 度
16	28°17′10″N	76°36′45″W
17	28°17′10″N	79°11′24″W
18	27°52′54″N	79°28′36″W
19	27°26′00″N	79°31′38″W
20	27°16′12″N	79°34′18″W
21	27°11′53″N	79°34′56″W
22	27°05′58″N	79°35′19″W
23	27°00′27″N	79°35′17″W
24	26°55′15″N	79°34′39″W
25	26°53′57″N	79°34′27″W
26	26°45′45″N	79°32′41″W
27	26°44′29″N	79°32′23″W
28	26°43′39″N	79°32′20″W

---

* 点 113 到点 139 的界线是根据美国与古巴在 1977 年 12 月 16 日签订的海洋边界协议确定的。该协议从 1978 年 1 月 1 日起临时生效。

坐标点	纬 度	经 度
29	26°41′11″N	79°32′01″W
30	26°38′12″N	79°31′33″W
31	26°36′29″N	79°31′07″W
32	26°35′20″N	79°30′50″W
33	26°34′50″N	79°30′46″W
34	26°34′10″N	79°30′38″W
35	26°31′11″N	79°30′15″W
36	26°29′04″N	79°29′53″W
37	26°25′30″N	79°29′58″W
38	26°23′28″N	79°29′55″W
39	26°23′20″N	79°29′54″W
40	26°18′56″N	79°31′55″W
41	26°15′25″N	79°33′17″W
42	26°15′12″N	79°33′23″W
43	26°08′08″N	79°35′53″W
44	26°07′46″N	79°36′09″W
45	26°06′58″N	79°36′35″W
46	26°02′51″N	79°38′22″W
47	25°59′29″N	79°40′03″W
48	25°59′15″N	79°40′08″W
49	25°57′47″N	79°40′38″W
50	25°56′17″N	79°41′06″W
51	25°54′03″N	79°41′38″W
52	25°53′23″N	79°41′46″W
53	25°51′53″N	79°41′59″W

坐标点	纬　度	经　度
54	25°49′32″N	79°42′16″W
55	25°48′23″N	79°42′23″W
56	25°48′19″N	79°42′24″W
57	25°46′25″N	79°42′44″W
58	25°46′15″N	79°42′45″W
59	25°43′39″N	79°42′59″W
60	25°42′30″N	79°42′48″W
61	25°40′36″N	79°42′27″W
62	25°37′23″N	79°42′27″W
63	25°37′07″N	79°42′27″W
64	25°31′02″N	79°42′12″W
65	25°27′58″N	79°42′11″W
66	25°24′03″N	79°42′12″W
67	25°22′20″N	79°42′20″W
68	25°21′28″N	79°42′08″W
69	25°16′51″N	79°41′24″W
70	25°15′56″N	79°41′31″W
71	25°10′38″N	79°41′31″W
72	25°09′50″N	79°41′36″W
73	25°09′02″N	79°41′45″W
74	25°03′53″N	79°42′30″W
75	25°02′58″N	79°42′57″W
76	25°00′28″N	79°44′06″W
77	24°59′01″N	79°44′49″W
78	24°55′26″N	79°45′58″W

续　表

坐标点	纬　度	经　度
79	24°44′16″N	79°49′25″W
80	24°43′02″N	79°49′39″W
81	24°42′34″N	79°50′51″W
82	24°41′45″N	79°52′58″W
83	24°38′30″N	79°59′59″W
84	24°36′25″N	80°03′52″W
85	24°33′16″N	80°12′44″W
86	24°33′03″N	80°13′22″W
87	24°32′11″N	80°15′17″W
88	24°31′25″N	80°16′56″W
89	24°30′55″N	80°17′48″W
90	24°30′12″N	80°19′22″W
91	24°30′04″N	80°19′45″W
92	24°29′36″N	80°21′06″W
93	24°28′16″N	80°24′36″W
94	24°28′04″N	80°25′11″W
95	24°27′21″N	80°27′21″W
96	24°26′28″N	80°29′31″W
97	24°25′05″N	80°32′23″W
98	24°23′28″N	80°36′10″W
99	24°22′31″N	80°38′57″W
100	24°22′05″N	80°39′52″W
101	24°19′29″N	80°45′22″W
102	24°19′14″N	80°45′48″W
103	24°18′36″N	80°46°50″W

坐标点	纬 度	经 度
104	24°18′33″N	80°46′55″W
105	24°09′49″N	80°59′48″W
106	24°09′46″N	80°59′52″W
107	24°08′56″N	81°01′08″W
108	24°03′28″N	81°01′52″W
109	24°08′24″N	81°01′58″W
110	24°07′26″N	81°03′07″W
111	24°02′18″N	81°09′06″W
112	23°59′58″N	81°11′16″W
113	23°55′30″N	81°12′55″W
114	23°53′50″N	81°19′44″W
115	23°50′50″N	81°30′00″W
116	23°50′00″N	81°40′00″W
117	23°49′03″N	81°50′00″W
118	23°49′03″N	82°00′12″W
119	23°49′40″N	82°10′00″W
120	23°51′12″N	82°25′00″W
121	23°51′12″N	82°40′00″W
122	23°49′40″N	82°48′54″W
123	23°49′30″N	82°51′12″W
124	23°49′22″N	83°00′00″W
125	23°49′50″N	83°15′00″W
126	23°51′20″N	83°25′50″W
127	23°52′25″N	83°33′02″W

坐标点	纬 度	经 度
128	23°54′02″N	83°41′36″W
129	23°55′45″N	83°48′12″W
130	23°58′36″N	84°00′00″W
131	24°09′35″N	84°29′28″W
132	24°13′18″N	84°38′40″W
133	24°16′39″N	84°46′08″W
134	24°23′28″N	85°00′00″W
135	24°26′35″N	85°06′20″W
136	24°38′55″N	85°31′55″W
137	24°44′15″N	85°43′12″W
138	24°53′55″N	86°00′00″W
139	25°12′25″N	86°33′12″W

在点 139 和点 140 之间，专属经济区向海方向的界限是一条距测量领海宽度的基线 200 海里的线。

在墨西哥湾地区，专属经济区的界限是下列坐标的连线 *：

坐标点	纬 度	经 度
140	25°41′56.52″N	88°23′05.54″W
141	25°46′52.00″N	90°29′41.00″W
142	25°42′13.05″N	91°05′24.89″W

在点 142 和点 143 之间，专属经济区向海方向的界限是一条距测量领海宽度的基线 200 海里的线。

---

* 点 140 到点 142 和点 143 到点 146 的界线反映在美国与墨西哥在 1976 年 11 月 24 日达成的临时性海洋边界协议的换文中。美国与墨西哥的海洋边界条约签订于 1978 年 5 月 4 日。

在西墨西哥湾地区，专属经济区的界限是下列坐标的连线：

坐标点	纬 度	经 度
143	25°59′48.28″N	93°26′42.19″W
144	26°00′30.00″N	95°39′26.00″W
145	26°00′31.00″N	96°48′29.00″W
146	25°58′30.57″N	96°55′27.37″W

从点 146 开始，美国管辖权的界限是美国与墨西哥的领海边界，此边界建立的基础是美利坚合众国与墨西哥于 1970 年 11 月 23 日在墨西哥市签署并于 1972 年 4 月 18 日生效的《关于解决待定边界分歧和保持格兰德河和科罗拉多河作为国际边界河流的协定》的第 5 条（A）款和条约的附件。

美国太平洋海岸（华盛顿、俄勒冈、加利福尼亚）

在胡安·德·富卡海峡的向海地区，专属经济区的界限是下列坐标的连线 *：

坐标点	纬 度	经 度
1	48°29′37.19″N	124°43′33.19″W
2	48°30′11″N	124°47′13″W
3	48°30′22″N	124°50′21″W
4	48°30′14″N	124°54′52″W
5	48°29′57″N	124°59′14″W
6	48°29′44″N	125°00′06″W

* 在胡安·德·富卡海峡的向海地区，作为美国专属经济区的界限，点 1 到点 17 的连线与 1977 年 1 月 1 日《加拿大公报》公布的加拿大渔业区界限不相符。

续　表

坐标点	纬　度	经　度
7	48°28′09″N	125°05′47″W
8	48°27′10″N	125°08′25″W
9	48°26′47″N	125°09′12″W
10	48°20′16″N	125°22′48″W
11	48°18′22″N	125°29′58″W
12	48°11′05″N	125°53′48″W
13	47°49′15″N	126°40′57″W
14	47°36′47″N	127°11′58″W
15	47°22′00″N	127°41′23″W
16	46°42′05″N	128°51′56″W
17	46°31′47″N	129°07′39″W

在点 17 和点 18 之间，专属经济区向海方向的界限是一条距测量领海宽度的基线 200 海里的线。在南加利福尼亚海峡，专属经济区的界限是下列坐标的连线[*]：

坐标点	纬　度	经　度
18	30°32′31.20″N	121°51′58.37″W
19	31°07′58.00″N	118°36′18.00″W
20	32°37′37.00″N	117°49′31.00″W
21	32°35′22.11″N	117°27′49.42″W

---

[*] 点 18 到点 21 的界线反映在美国与墨西哥在 1976 年 11 月 24 日签订的临时性海洋边界的换文中。美国与墨西哥的海洋边界条约签订于 1978 年 5 月 4 日。

从点 21 至海岸，美国管辖权的界限是美国与墨西哥的领海边界。此边界建立的基础是美利坚合众国与墨西哥于 1970 年 11 月 23 日在墨西哥市签署并于 1972 年 4 月 18 日生效的《关于解决待定边界分歧和保持格兰德河和科罗拉多河作为国际边界河流的协定》的第 5 条（B）款和条约的附件。

美国阿拉斯加州

在阿拉斯加海岸外的波弗特海地区，专属经济区的界限是下列坐标的连线 *：

坐标点	纬 度	经 度
1	69°38′48.88″N	140°59′52.7″W
2	69°38′52″N	140°59′51″W
3	69°39′37″N	140°59′01″W
4	69°40′10″N	140°58′34″W
5	69°41′30″N	140°57′00″W
6	69°46′25″N	140°49′45″W
7	69°47′54″N	140°47′07″W
8	69°51′40″N	140°42′37″W
9	70°09′26″N	140°19′22″W
10	70°11′30″N	140°18′09″W
11	70°29′07″N	140°09′51″W
12	70°29′19″N	140°09′45″W
13	70°37′31″N	140°02′47″W
14	70°48′25″N	139°52′32″W

---

* 在波弗特海地区，美国专属经济区的界限与 1977 年 1 月 1 日《加拿大大公报》公布的加拿大渔业区的界限不相符。

续 表

坐标点	纬 度	经 度
15	70°58′02″N	139°47′16″W
16	71°01′15″N	139°44′24″W
17	71°11′58″N	139°33′58″W
18	71°23′10″N	139°21′46″W
19	72°12′18″N	138°26′19″W
20	72°46′39″N	137°30′02″W
21	72°56′49″N	137°34′08″W

在点 21 和点 22 之间，专属经济区向海方向的界限是一条距测量领海宽度的基线 200 海里的线。在楚科奇海、白令海峡以及白令海的北部地区，专属经济区的界限是下列坐标的连线*：

坐标点	纬 度	经 度
22	72°46′29″N	168°58′37″W
23	65°30′00″N	168°58′37″W
24	65°19′58″N	168°21′38″W
25	65°09′51″N	169°44′34″W
26	64°59′41″N	170°07′23″W
27	64°49′26″N	170°30′06″W
28	64°39′08″N	170°52′43″W
29	64°28′46″N	171°15′14″W
30	64°18′20″N	171°37′40″W
31	64°07′50″N	172°00′00″W

---

* 点 22 到点 58 和点 59 到点 87 的界线是根据美国于 1990 年 6 月 1 日与苏联（现在适用于俄罗斯）签署的海洋边界条约划定的，且临时性适用，直到双方正式交换批准书。

续 表

坐标点	纬 度	经 度
32	63°59′27″N	172°18′39″W
33	63°51′01″N	172°38′13″W
34	63°42′33″N	172°55′42″W
35	63°34′01″N	173°14′07″W
36	63°25′27″N	173°32′27″W
37	63°16′50″N	173°50′42″W
38	63°08′11″N	174°08′52″W
39	62°59′29″N	174°26′58″W
40	62°50′44″N	174°44′59″W
41	62°41′56″N	175°02′56″W
42	62°33′06″N	175°20′48″W
43	62°24′13″N	175°38′36″W
44	62°15′17″N	175°56′19″W
45	62°06′19″N	176°13′59″W
46	61°57′18″N	176°31′34″W
47	61°48′14″N	176°49′04″W
48	61°39′08″N	177°06′31″W
49	61°29′59″N	177°23′53″W
50	61°20′47″N	177°41′11″W
51	61°11′33″N	177°58′26″W
52	61°02′17″N	178°15′36″W
53	60°52′57″N	178°32′42″W
54	60°43′35″N	178°49′45″W

坐标点	纬　度	经　度
55	60°34′11″N	179°06′44″W
56	60°24′44″N	179°23′38″W
57	60°15′14″N	179°40′30″W
58	60°11′39″N	179°46′49″W

在点 58 和点 59 之间，专属经济区向海方向的界限是一条距测量领海宽度的基线 200 海里的线。

坐标点	纬　度	经　度
59	56°16′31″N	174°00′19″E
60	56°15′07″N	173°56′56″E
61	56°04′34″N	173°41′08″E
62	55°53′59″N	173°25′22″E
63	55°43′22″N	173°09′37″E
64	55°32′42″N	172°53′55″E
65	55°21′59″N	172°38′14″E
66	55°11′14″N	172°22′36″E
67	55°00′26″N	172°06′59″E
68	54°49′36″N	171°51′24″E
69	54°38′43″N	171°35′51″E
70	54°27′48″N	171°20′20″E
71	54°16′50″N	171°04′50″E
72	54°05′50″N	170°49′22″E
73	53°54′47″N	170°33′56″E

续　表

坐标点	纬　度	经　度
74	53°43′42″N	170°18′31″E
75	53°32′46″N	170°05′29″E
76	53°21′48″N	169°52′32″E
77	53°10′49″N	169°39′40″E
78	52°59′48″N	169°26′53″E
79	52°48′46″N	169°14′12″E
80	52°37′43″N	169°01′36″E
81	52°26′38″N	168°49′05″E
82	52°15′31″N	168°36′39″E
83	52°04′23″N	168°24′17″E
84	51°53′14″N	168°12′01″E
85	51°42′03″N	167°59′49″E
86	51°30′51″N	167°47′42″E
87	51°22′15″N	167°38′28″E

从点 87 到点 88，专属经济区向海方向的界限是一条距测量领海宽度的基线 200 海里的线。从点 88 开始，阿拉斯加海峡的专属经济区的南部界限是下列坐标的连线 *：

坐标点	纬　度	经　度
88	53°28′27″N	138°45′20″W

* 美国专属经济区在迪克森海峡入口处及其向海方向的界限与 1977 年 1 月 1 日《加拿大公报》中公布的加拿大渔业区界限不相符。如果美国和加拿大主张的界限在迪克森海峡入口处留下了无人主张的区域，美国将对加拿大主张的界限以北的区域行使渔业管辖权，直至美国与加拿大在迪克森海峡入口处建立永久海洋边界。

坐标点	纬 度	经 度
89	54°00′01″N	135°45′57″W
90	54°07′30″N	134°56′24″W
91	54°12′45″N	134°25′03″W
92	54°12′57″N	134°23′47″W
93	54°15′40″N	134°10′49″W
94	54°20′33″N	133°49′21″W
95	54°22′01″N	133°44′24″W
96	54°30′06″N	133°16′58″W
97	54°31′02″N	133°14′00″W
98	54°30′42″N	133°11′28″W
99	54°30′10″N	133°07′43″W
100	54°30′03″N	133°07′00″W
101	54°28′32″N	132°56′28″W
102	54°28′25″N	132°55′54″W
103	54°27′23″N	132°50′42″W
104	54°27′07″N	132°49′35″W
105	54°26′00″N	132°44′12″W
106	54°24′54″N	132°39′46″W
107	54°24′34″N	132°38′16″W
108	54°24′39″N	132°26′51″W

坐标点	纬　度	经　度
109	54°24′41″N	132°24′35″W
110	54°24′41″N	132°24′29″W
111	54°24′52″N	132°23′39″W
112	54°21′51″N	132°02′54″W
113	54°26′41″N	131°49′28″W
114	54°28′18″N	131°45′20″W
115	54°30′32″N	131°38′01″W
116	54°29′53″N	131°33′48″W
117	54°36′53″N	131°19′22″W
118	54°39′09″N	131°16′17″W
119	54°40′52″N	131°13′54″W
120	54°42′11″N	131°13′00″W
121	54°46′16″N	131°04′43″W
122	54°45′39″N	131°03′06″W
123	54°44′12″N	130°59′44″W
124	54°43′46″N	130°58′55″W
125	54°43′00″N	130°57′41″W
126	54°42′34″N	130°57′09″W
127	54°42′27″N	130°56′18″W
128	54°41′26″N	130°53′39″W
129	54°41′21″N	130°53′18″W

坐标点	纬　度	经　度
130	54°41′05″N	130°49′17″W
131	54°41′06″N	130°48′31″W
132	54°40′46″N	130°45′51″W
133	54°40′41″N	130°44′59″W
134	54°40′42″N	130°44′43″W
135	54°40′03″N	130°42′22″W
136	54°39′48″N	130°41′35″W
137	54°39′14″N	130°39′18″W
138	54°39′54″N	130°38′58″W
139	54°41′09″N	130°38′58″W
140	54°42′22″N	130°38′26″W
141	54°42′47″N	130°38′06″W
142	54°42′58″N	130°37′57″W
143	54°43′00″N	130°37′55″W
144	54°43′15″N	130°37′44″W
145	54°43′24″N	130°37′39″W
146	54°43′30.15″N	130°37′37.01″W

加勒比海峡

在波多黎各自由邦与美属维尔京群岛附近，专属经济区向海方向的界限是一条距测量领海宽度的基线 200 海里的线。在该地区，除了向东、向

南以及向西方向，专属经济区的界限是下列坐标的连线 * :

坐标点	纬　度	经　度
1	21°48′33″N	65°50′31″W
2	21°41′20″N	65°49′13″W
3	20°58′05″N	65°40′30″W
4	20°46′56″N	65°38′14″W
5	19°57′29″N	65°27′21″W
6	19°37′29″N	65°20′57″W
7	19°12′25″N	65°06′08″W
8	18°45′14″N	65°00′22″W
9	18°41′14″N	64°59′33″W
10	18°29′22″N	64°53′50″W
11	18°27′36″N	64°53′22″W
12	18°25′22″N	64°52′39″W
13	18°24′31″N	64°52′19″W
14	18°23′51″N	64°51′50″W
15	18°23′43″N	64°51′23″W
16	18°23′37″N	64°50′18″W
17	18°23′48″N	64°49′42″W
18	18°24′11″N	64°49′01″W
19	18°24′29″N	64°47′57″W

* 由点 1 到点 50 的连线是由美国与英国（为了英国维尔京群岛）于 1993 年 11 月 4 日在伦敦签署的海洋边界条约确定的。该条约于 1995 年 6 月 1 日生效。由点 50 到点 51 的连线是美国与英国（为了安圭拉）于 1993 年 11 月 4 日在伦敦签署的海洋边界条约确定的，该条约于 1995 年 6 月 1 日生效。点 1 到点 51 的连线依据 1983 北美基准（NAD83）。由点 57 到点 58 的连线是美国于 1978 年 4 月 28 日在加拉加斯与委内瑞拉签署的海洋边界条约（TIAS 9890, 32 UST3100）确定的，该条约于 1980 年 11 月 24 日生效。

续　表

坐标点	纬　度	经　度
20	18°24′18″N	64°47′00″W
21	18°23′14″N	64°46′37″W
22	18°22′38″N	64°45′21″W
23	18°22′40″N	64°44′42″W
24	18°22′42″N	64°44′36″W
25	18°22′37″N	64°44′24″W
26	18°22′40″N	64°43′42″W
27	18°22′30″N	64°43′36″W
28	18°22′25″N	64°42′58″W
29	18°22′27″N	64°42′28″W
30	18°22′16″N	64°42′03″W
31	18°22′23″N	64°40′59″W
32	18°21′58″N	64°40′15″W
33	18°21′51″N	64°38′22″W
34	18°21′22″N	64°38′16″W
35	18°20′39″N	64°38′32″W
36	18°19′16″N	64°38′13″W
37	18°19′07″N	64°38′16″W
38	18°17′24″N	64°39′37″W
39	18°16′43″N	64°39′41″W
40	18°11′34″N	64°38′58″W
41	18°03′03″N	64°38′03″W
42	18°02′57″N	64°29′35″W

续　表

坐标点	纬　度	经　度
43	18°02′52″N	64°27′03″W
44	18°02′30″N	64°21′08″W
45	18°02′31″N	64°20′08″W
46	18°02′01″N	64°15′39″W
47	18°00′12″N	64°02′29″W
48	17°59′58″N	64°01′02″W
49	17°58′47″N	63°57′00″W
50	17°57′51″N	63°53′53″W
51	17°56′37″N	63°53′20″W
52	17°39′48″N	63°54′54″W
53	17°37′15″N	63°55′11″W
54	17°30′28″N	63°55′57″W
55	17°11′43″N	63°58′00″W
56	17°05′07″N	63°58′42″W
57	16°44′49″N	64°01′08″W
58	16°43′22″N	64°06′31″W
59	16°43′10″N	64°06′59″W
60	16°42′40″N	64°08′06″W
61	16°41′43″N	64°10′07″W
62	16°35′19″N	64°23′39″W
63	16°23′30″N	64°45′54″W
64	15°39′31″N	65°58′41″W
65	15°30′10″N	66°07′09″W

续　表

坐标点	纬　度	经　度
66	15°14′06″N	66°19′57″W
67	14°55′48″N	66°34′30″W
68	14°56′06″N	66°51′40″W
69	14°58′27″N	67°04′19″W
70	14°58′45″N	67°05′17″W
71	14°58′58″N	67°06′11″W
72	14°59′10″N	67°07′00″W
73	15°02′32″N	67°23′40″W
74	15°05′07″N	67°36′23″W
75	15°10′38″N	68°03′46″W
76	15°11′06″N	68°09′21″W
77	15°12′33″N	68°27′32″W
78	15°12′51″N	68°28′56″W
79	15°46′46″N	68°26′04″W
80	17°21′30″N	68°17′53″W
81	17°38′01″N	68°16′46″W
82	17°50′24″N	68°16′11″W
83	17°58′07″N	68°15′52″W
84	18°02′28″N	68°15′40″W
85	18°06′10″N	68°15′27″W
86	18°07′27″N	68°15′33″W
87	18°09′12″N	68°14′53″W
88	18°17′06″N	68°11′28″W

坐标点	纬　度	经　度
89	18°19′20″N	68°09′40″W
90	18°22′42″N	68°06′57″W
91	18°24′39″N	68°04′58″W
92	18°25′25″N	68°04′09″W
93	18°28′08″N	68°00′59″W
94	18°31′27″N	67°56′57″W
95	18°32′58″N	67°55′07″W
96	18°34′34″N	67°52′53″W
97	18°54′37″N	67°46′21″W
98	19°00′42″N	67°44′25″W
99	19°10′00″N	67°41′24″W
100	19°19′03″N	67°38′19″W
101	19°21′20″N	67°38′01″W
102	19°59′45″N	67°31′52″W
103	20°00′59″N	67°31′35″W
104	20°01′17″N	67°31′29″W
105	20°02′49″N	67°31′04″W
106	20°03′30″N	67°30′52″W
107	20°09′28″N	67°29′11″W
108	20°48′18″N	67°17′50″W
109	21°22′48″N	67°02′34″W
110	21°30′18″N	66°59′05″W
111	21°33′47″N	66°57′30″W

坐标点	纬　度	经　度
112	21°51′24″N	66°49′30″W

在纳弗沙岛附近，专属经济区的界限有待确定。

太平洋的中部和西部

在北马里亚纳群岛和关岛，专属经济区向海方向的界限是一条距测量领海宽度的基线 200 海里的线。

在北马里亚纳群岛，除了其北部地区，专属经济区的界限是下列坐标的连线 *：

坐标点	纬　度	经　度
1	23°53′35″N	145°05′46″E
2	23°44′32″N	144°54′05″E
3	23°33′52″N	144°40′23″E
4	23°16′11″N	144°17′47″E
5	22°50′13″N	143°44′57″E
6	22°18′13″N	143°05′02″E
7	21°53′58″N	142°35′03″E
8	21°42′14″N	142°20′39″E
9	21°40′08″N	142°18′05″E
10	21°28′21″N	142°03′45″E
11	20°58′24″N	141°27′33″E
12	20°52′51″N	141°20′54″E

---

* 由点 1 到点 12 构成的界限是美国和日本海域的分界线，具体被反映在 1994 年 7 月 5 日的换文中。

在关岛，除了其南部地区，专属经济区的界限是下列坐标的连线：

坐标点	纬　度	经　度
13	11°38′25″N	147°44′42″E
14	11°36′53″N	147°31′03″E
15	11°31′48″N	146°55′19″E
16	11°27′15″N	146°25′34″E
17	11°22′13″N	145°52′36″E
18	11°17′31″N	145°22′38″E
19	11°13′32″N	144°57′26″E
20	11°13′23″N	144°56′29″E
21	10°57′03″N	143°26′53″E
22	10°57′30″N	143°03′09″E
23	11°52′33″N	142°15′28″E
24	12°54′00″N	141°21′48″E
25	12°54′17″N	141°21′33″E
26	12°57′34″N	141°19′17″E
27	13°06′32″N	141°12′53″E

　　在夏威夷和中途岛，专属经济区向海方向的界限是一条距测量领海宽度的基线 200 海里的线。

　　在约翰斯顿环礁，专属经济区向海方向的界限是一条距测量领海宽度的基线 200 海里的线。

　　在美国萨摩亚群岛，专属经济区向海方向的界限是下列坐标的连线 *：

* 由点 1 到点 8 的连线是美国于 1980 年 12 月 2 日在阿塔富与新西兰（为了托克劳）签署的海洋边界条约确定的。本条约（TIAS 10775）于 1983 年 9 月 3 日生效。由点 8 到点 32 的连线是美国于 1980 年 6 月 11 日在拉罗汤加岛与库克群岛签署的海洋边界条约确定的。本条约（TIAS 10774）于 1983 年 9 月 8 日生效。点 1 到点 32 的坐标采用的是世界大地测量系统 1972（WGS72）。

坐标点	纬　度	经　度
1	11°02′17″S	173°44′48″W
2	10°46′15″S	173°03′53″W
3	10°25′26″S	172°11′01″W
4	10°17′50″S	171°50′58″W
5	10°15′17″S	171°15′32″W
6	10°10′18″S	170°16′10″W
7	10°07′52″S	169°46′50″W
8	10°01′26″S	168°31′25″W
9	10°12′44″S	168°31′02″W
10	10°12′49″S	168°31′02″W
11	10°52′31″S	168°29′42″W
12	11°02′40″S	168°29′21″W
13	11°43′53″S	168°27′58″W
14	12°01′55″S	168°10′24″W
15	12°28′40″S	167°25′20″W
16	12°41′22″S	167°11′01″W
17	12°57′51″S	166°52′21″W
18	13°11′25″S	166°37′02″W
19	13°14′03″S	166°34′03″W
20	13°21′25″S	166°25′42″W
21	13°35′44″S	166°09′19″W
22	13°44′56″S	165°58′44″W
23	14°03′30″S	165°37′20″W
24	15°00′09″S	165°22′07″W
25	15°14′04″S	165°18′29″W

坐标点	纬　度	经　度
26	15°38′47″S	165°12′03″W
27	15°44′58″S	165°16′36″W
28	16°08′42″S	165°34′12″W
29	16°18′30″S	165°41′29″W
30	16°23′29″S	165°45′11″W
31	16°45′30″S	166°01′39″W
32	17°33′28″S	166°38′35″W
33	17°31′45″S	166°42′07″W
34	16°56′20″S	168°26′05″W
35	16°37′55″S	169°18′19″W
36	16°37′36″S	169°19′12″W
37	16°34′58″S	169°55′59″W
38	16°39′17″S	170°19′09″W
39	16°48′46″S	171°12′29″W
40	16°49′33″S	171°17′03″W
41	16°13′29″S	171°37′41″W
42	16°04′47″S	171°42′37″W
43	15°58′20″S	171°46′06″W
44	15°50′48″S	171°50′23″W
45	15°50′12″S	171°50′44″W
46	15°14′19″S	171°37′37″W
47	15°01′58″S	171°31′37″W
48	14°46′48″S	171°24′21″W
49	14°27′02″S	171°14′46″W
50	14°06′18″S	171°04′48″W

坐标点	纬　度	经　度
51	14°03′28″S	171°03′06″W
52	14°03′27″S	171°03′05″W
53	14°03′05″S	171°02′53″W
54	13°56′54″S	170°59′34″W
55	13°54′30″S	170°58′20″W
56	13°53′43″S	170°57′57″W
57	13°50′40″S	170°56′24″W
58	13°13′56″S	170°44′20″W
59	13°09′05″S	170°42′39″W
60	12°36′18″S	170°30′44″W
61	12°36′11″S	170°31′35″W
62	12°35′21″S	170°36′26″W
63	12°29′47″S	171°08′24″W
64	12°27′27″S	171°17′25″W
65	12°23′34″S	171°25′18″W
66	12°17′36″S	171°37′14″W
67	12°14′01″S	171°44′25″W
68	12°13′49″S	171°44′47″W
69	12°05′27″S	172°00′55″W
70	11°54′06″S	172°22′53″W
71	11°53′57″S	172°23′09″W
72	11°40′49″S	172°48′17″W
73	11°26′56″S	173°08′46″W
74	11°22′08″S	173°15′50″W
75	11°02′28″S	173°44′37″W

续　表

坐标点	纬　度	经　度
76	11°02′17″S	173°44′48″W

在帕迈拉环礁和金曼礁，专属经济区向海方向的界限是一条距测量领海宽度的基线 200 海里的线。在该地区，除了其东南方地区，专属经济区的界限是下列坐标的连线：

坐标点	纬　度	经　度
1	7°55′04″N	159°22′29″W
2	7°31′05″N	159°39′30″W
3	7°09′43″N	159°54′35″W
4	6°33′40″N	160°19′51″W
5	6°31′37″N	160°21′18″W
6	6°25′31″N	160°25′40″W
7	6°03′05″N	160°41′42″W
8	5°44′12″N	160°55′13″W
9	4°57′25″N	161°28′19″W
10	4°44′38″N	161°37′18″W
11	3°54′25″N	162°12′56″W
12	2°39′50″N	163°05′14″W

在复活岛，专属经济区向海方向的界限是一条距测量领海宽度的基线 200 海里的线。在该地区，除了其南部地区，专属经济区的界限是下列坐标的连线：

坐标点	纬 度	经 度
1	17°56′15″N	169°54′00″E
2	17°46′02″N	169°31′18″E
3	17°37′47″N	169°12′53″E
4	17°11′18″N	168°13′30″E
5	16°41′31″N	167°07′39″E
6	16°02′45″N	165°43′30″E

在贾维斯岛，专属经济区向海方向的界限是一条距测量领海宽度的基线200海里的线。在该地区，除了其北部和东部地区，专属经济区的界限是下列坐标的连线：

坐标点	纬 度	经 度
1	2°01′00″N	162°22′00″W
2	2°01′42″N	162°01′35″W
3	2°03′20″N	161°41′33″W
4	2°02′30″N	161°36′20″W
5	2°00′13″N	161°22′24″W
6	1°50′18″N	160°20′42″W
7	1°45′46″N	159°52′59″W
8	1°43′31″N	159°39′27″W
9	0°58′53″N	158°59′04″W

续 表

坐标点	纬 度	经 度
10	0°46′58″N	158°48′24″W
11	0°12′36″N	158°18′06″W
12	0°00′17″S	158°07′27″W
13	0°24′23″S	157°49′44″W
14	0°25′44″S	157°48′43″W
15	0°58′15″S	157°24′52″W
16	2°13′26″S	157°49′01″W
17	3°10′40″S	158°10′30″W

在豪兰和贝克群岛，专属经济区向海方向的界限是一条距测量领海宽度的基线 200 海里的线。在该地区，除了其东南部和南部地区，专属经济区的界限是下列坐标的连线：

坐标点	纬 度	经 度
1	0°14′30″N	173°08′00″W
2	0°14′32″S	173°27′28″W
3	0°43′52″S	173°45′30″W
4	1°04′06″S	174°17′41″W
5	1°12′39″S	174°31′02″W
6	1°14′52″S	174°34′48″W
7	1°52′36″S	175°34′51″W

续　表

坐标点	纬　度	经　度
8	1°59′17″S	175°45′29″W
9	2°17′09″S	176°13′58″W
10	2°32′51″S	176°38′59″W
11	2°40′26″S	176°51′03″W
12	2°44′49″S	176°58′01″W
13	2°44′53″S	176°58′08″W
14	2°56′33″S	177°16′43″W
15	2°58′45″S	177°26′00″W

日期：1995 年 8 月 10 日

大卫·A.科尔森

海洋副助理部长

美国总统关于美国毗连区的公告
（1999 年 9 月 2 号）

国际法承认沿海国家可以建立毗连其领海、名为毗连区的区域。

美国毗连区是一个毗连美国领海的区域。在毗连区内，美国可以行使必要的控制以防止在其领土或领海内违反有关其海关、财政、移民或卫生的法律和规章，以及惩治在其领土或领海内违反上述法律和规章的行为。

美国毗连区扩展至国际法允许的范围将有利于促进美国法律的实施和公共卫生利益。此外，这种扩展是防止在基线外 24 海里的区域内的文化遗产流失的重要措施。

为此，我，美利坚合众国总统威廉·杰斐逊·克林顿，以美国宪法和法律赋予我的权力并按照国际法，特此宣布美国毗连区的范围，包括波多黎各自由邦、关岛、美属萨摩亚群岛、美属维尔京群岛、北马里亚纳联邦，以及其他美国行使主权的领土或属地的毗连区。现规定如下：

美国毗连区扩展至从根据国际法确定的美国基线量起的 24 海里，但不能扩展至他国领海。

根据已经反映在 1982 年《联合国海洋法公约》且可适用的国际法规则，在美国毗连区内，任何国家的船舶和飞机享有航行、飞越和敷设海底电缆和管道的公海自由，以及与这些自由有关的海洋其他国际合法用途，诸如同船舶和飞机的操作及海底电缆和管道的使用有关的并符合 1982 年《联合国海洋法公约》所反映的其他国际法规定的那些用途。

本公告不得：

（a）修正现行联邦法或州法；

（b）修正或改变美国或其他国家依照 1983 年 5 月 10 日的第 5030 号公告建立的美国专属经济区内的权利和义务；或者

（c）妨碍按照国际法所作的任何涉及外国管辖权的美国海洋边界的决定。

我谨于 1999 年 9 月 2 日，即美利坚合众国独立第 224 年之 9 月 2 日，亲笔在此签名为证。

威廉·杰斐逊·克林顿

关于海洋法律的其他规定
（2005 年 6 月 8 日）

公海：
- 《海难人员救助义务法》：《美国法典》第 46 卷第 2303 条和 2304 条。
- 《反奴隶法》：《美国法典》第 18 卷第 1581—1588 条。

- 《反海盗法》:《美国法典》第 18 卷第 1651—1661 条和《美国法典》第 33 卷第 381—384 条。
- 《反毒品法》:《美国法典》第 49 卷第 781—789 条、《美国法典》第 14 卷第 89 条、《美国法典》第 22 卷第 2291 条和《美国法典》附录第 46 卷第 1903 条及以下部分。
- 《未经授权的广播》:《美国法典》第 47 卷第 502 条。

海洋环境保护:

- 《国家环境政策法案》:《美国法典》第 42 卷第 4321—4370f 条。

陆地资源:

- 《清洁水法》:《美国法典》第 33 卷第 1251—1387 条。
- 《固体废物处理法案》:《美国法典》第 42 卷第 6901—6992 条。
- 《综合环境响应、补偿和责任法案》:《美国法典》第 42 卷第 9601—9675 条。
- 《联邦杀虫剂、杀菌剂和杀鼠剂法案》:《美国法典》第 7 卷第 136—136y 条。
- 《废物法》:《美国法典》第 33 卷第 407 条及以下部分。
- 《沿海地区管理法案》:《美国法典》第 16 卷第 1451—1465 条。

国家管辖下的海床活动:

- 《外大陆架淹没地法案》:《美国法典》第 33 卷第 1331—1356 条、第 43 卷第 1801—1866 条。
- 《淹没地法案》:《美国法典》第 43 卷第 1301 条及以下部分。
- 《领海淹没地法案》:《美国法典》第 48 卷第 1704—1708 条。
- 《深海床矿物资源法》:《美国法典》第 30 卷第 1401 条及以下部分。

倾倒:

- 《海洋保护、研究与禁猎法》:《美国法典》第 33 卷第 1401—1445 条。

船舶(除上述以外):

- 《港口和航道安全法案》:《美国法典》第 33 卷第 1223 条和第 1228 条。
- 《防止船舶污染法》:《美国法典》第 33 卷第 1901—1915 条。
- 《1990 年石油污染法》:《美国法典》第 33 卷第 2701—2761 条、第 46 卷第 3703a 条。

海洋生物资源（除《麦格森 - 史蒂芬渔业保护与管理法》以外）：

• 《海洋哺乳动物保护法》:《美国法典》第 16 卷第 1361—1421h 条。

• 《1949 年捕鲸公约法》:《美国法典》第 16 卷第 916—916l 条。

• 《大陆架定居种》:《美国法典》第 16 卷第 1802（4）条。

海洋界限：

• 政府部门公告 2237 号，专属经济区和海洋界限，界限的通知，1995 年 3 月 23 日《联邦纪事》第 60 卷第 43825—43829 页，2004 年 10 月 5 日重印版《联邦纪事》第 69 卷第 59746—59750 页。

• 《美国法典》第 16 卷第 1822（d）条（专属经济区）。

• 《美国法典》第 43 卷第 1333 条（a）款（2）项（B）目（大陆架）。

水下文化遗产：

• 《抛弃沉船法》:《美国法典》第 42 卷第 2101—2106 条。

• 《国家海洋避难所法案》:《美国法典》第 16 卷第 1431 条及以下。

• 《考古资源保护法》:《美国法典》第 16 卷第 470aa–ll 条、《联邦法规汇编》第 43 卷第 7 部分、《联邦法规汇编》第 36 卷第 296 部分、《联邦法规汇编》第 18 卷第 1312 部分。

• 《国家历史文物保护法》:《美国法典》第 16 卷第 470 条、《联邦法规汇编》第 36 卷第 800 部分。

• 《文物法》:《美国法典》第 16 卷第 431—433 条。

• 《国家史迹名录》:《联邦法规汇编》第 36 卷第 60 和 63 部分。

海盗法

略。

乌拉圭
Uruguay

（英文文本截止于 2010 年 12 月 13 日）

确立领海、毗连区、专属经济区和
大陆架界限的第 17.033 号法律
（1998 年 11 月 20 日）

乌拉圭东岸共和国参议院和众议院举行会议，颁布以下法律：

第一条

乌拉圭主权及于其大陆和岛屿领土以及内水之外的领海，包括其海床和底土以及其上空。

乌拉圭领海宽度确定为 12 海里，从依据本法第十四条确定的基线量起。

领海的外部界限是一条其上各点与基线上最近点之间的距离等于领海宽度的线。

第二条

所有国家的船舶经承认享有无害通过领海的权利，但该通过要符合 1982 年 12 月 10 日的《联合国海洋法公约》（以下简称《公约》）、国际法其他规则以及乌拉圭作为沿海国通过的此类法律和规章。

要行使无害通过权，核动力船舶和载运核物质、核材料或其他本质上危险或有毒物质的船舶就要遵守可适用的国际协定所规定的特别预防措施，以及行政当局为这些目的通过的该类规章规定所确定的特别预防措施。

行政当局亦应通过适用于军舰通过领海的规章。

第三条

乌拉圭毗连区在领海外部界限以外，从依据本法第十条为测量领海宽度所划定的基线量起延伸至 24 海里的距离。

在毗连区，乌拉圭得行使为下列事项所必要的管制：

（1）防止在其领土或领海内违反有关其海关、财政、移民或卫生的法律和规章；

（2）惩治在其领土或领海内违反上述法律和规章的行为。

第四条

乌拉圭专属经济区在领海外部界限以外，从依据本法第十条为测量领海宽度所划定的基线量起延伸至 200 海里的距离。

第五条

在专属经济区内，乌拉圭有以勘探和开发、养护和管理海床上覆水域和海床及其底土的自然资源（不论为生物或非生物资源）为目的的主权权利，以及关于在该区内从事经济性开发和勘探，如利用海水、海流和风力生产能等其他活动的主权权利。

第六条

在专属经济区内，乌拉圭对下列事项享有管辖权：

（1）人工岛屿、设施和结构的建造和使用。

乌拉圭对建造并授权和管理建造、操作和使用人工岛屿、设施和结构享有专属权利，不考虑这些人工岛屿、设施和结构的本质和特点。

（2）海洋科学研究。

（3）海洋环境的保护和保全。

在专属经济区内，乌拉圭得享有《公约》规定的其他权利和义务。

在专属经济区内，所有国家受《公约》的限制，在不妨碍乌拉圭主权权利和管辖权并遵守其在该区域的义务的情况下，享有航行和飞越的自由、敷设海底电缆和管道的自由，以及与这些自由有关的海洋其他国际合法用途，诸如与船舶和飞机的操作及海底电缆和管道的使用有关的并符合《公约》

其他规定的那些用途。

第七条

若同一种群或有关联的几个生物种群出现在专属经济区内或在专属经济区外并且邻接专属经济区的公海内，乌拉圭和在邻接区域内捕捞该种群的国家应就管理和养护这些种群所必要的措施达成协议，乌拉圭并应在其专属经济区内遵守所采取的相关措施。

此外，乌拉圭参照其可得到的最佳科学证据，应在专属经济区对跨界种群和高度洄游种群采取应急管理和养护措施。若某种自然现象可能对一种或多种前述种群造成不利影响，或这些种群的生存受到人类活动，如捕鱼或污染的威胁，乌拉圭应将这些措施适用于邻接专属经济区的公海区域，并在适当情况下，与在邻接区域内捕捞该种群的国家合作。

第八条

无论如何，其他国家在乌拉圭专属经济区内从事军事演习或其他任何军事活动，尤其是那些与武力使用、为非和平目的使用的爆炸或其他杀伤性或污染手段有关的军事活动，应受乌拉圭政府授权的限制。

第九条

上述条款的规定不得妨碍 1979 年 11 月 19 日《关于拉普拉塔河以及相应海洋边界的条约》的规定，特别是第十五章（航行）第七十二条、第十六章（捕鱼）第七十三条至第七十七条、第十七章（研究）第七十九条以及第二十章（防卫）第八十五条和第八十六条的规定。

第十条

乌拉圭大陆架包括领海以外依其陆地领土的全部自然延伸，扩展到大陆边外缘的海底区域的海床和底土。

行政当局应通过由外交部代表担任主席、主管机构代表组成的特别委员会，准备和协调为依据《公约》第七十六条确定乌拉圭大陆架外部界限所必要的行动。

第十一条

乌拉圭为勘探大陆架和开发其自然资源的目的，对大陆架行使主权权利。

"大陆架自然资源"指海床和底土的矿物和其他非生物资源，以及属于定居种的生物资源，即在可捕捞阶段在海床上或海床下不能移动或其躯体须与海床或底土保持接触才能移动的生物。

第十二条

在乌拉圭大陆架上敷设海底电缆和管道，其路线的划定须经行政当局的同意，并且无论如何应获授权。

第十三条

依据《公约》的相关规定和行政当局通过的相关规章，在乌拉圭专属经济区内和大陆架上的海洋科学研究无论如何都应受行政当局授权的限制。

第十四条

测量乌拉圭领海和其他海域宽度的基线是本法附件（划定基线的地理坐标和地形表）确定的正常基线和直线基线。依据 1979 年 11 月 19 日《关于拉普拉塔河以及相应海洋边界的条约》，基线包括标记从与阿根廷共和国的海上边界到埃斯特角城（Punta del Este）的拉普拉塔河外部界限的直线基线。

第十五条

位于依据本法第十四条确定的基线内侧的水域构成乌拉圭的内水。

领海、毗连区、专属经济区和大陆架边界线来源于 1979 年 11 月 19 日与阿根廷共和国签订的《关于拉普拉塔河以及相应海洋边界的条约》，以及 1972 年 7 月 21 日乌拉圭东岸共和国与巴西联邦共和国签署的换文。

第十七条

"海里"指国际海里，1 海里相当于 1 852 米。

第十八条

乌拉圭海军应通过海洋、水文地理和气象部门，负责为依据本法第十条确定乌拉圭大陆架外部界限所必要的研究和工作。

上述部门应准备和更新海图，以标示本法建立的海域和海洋边界的划定。该海图应经外交部同意后公开和发行。

第十九条

行政当局应预备相应的财政估算以支付上述研究、工作以及准备和更新本法第十条和第十八条提及的海图所需的费用。

第二十条

国防部受托通过海军总司令控制和监督本法确立的乌拉圭海域。在行

使紧追权的过程中，依据《公约》第一百一十一条，或遵照与邻接海域中
渔业的养护和管理以及海上研究和救助有关的国际法规则确立的义务，此
类控制和监督可以延伸至乌拉圭海域之外。

第二十一条

行政当局应为遵守本法之必要通过规章。

第二十二条

特此废除与本法冲突的所有法律或规章。

1998 年 11 月 10 日在蒙得维的亚的乌拉圭参议院会议室完成。

附件：划定乌拉圭东岸共和国基线的地理坐标和地形表

地理位置	纬　　度	经　　度	点之间基线的划定
1. 拉普拉塔河外部界限的中间点（《关于拉普拉塔河以及相应海洋边界的条约》第一条至第七十条）	35°38.0′ S	55°52.0′ E	直线基线
2. 标记拉普拉塔河外部界限的线与埃斯特角城西海岸线的交叉点	34°58.2′ S	54°57.2′ E	正常基线
3. 埃斯特角城南端	34°58.4′ S	54°57.1′ E	直线基线
4. 瓦帕角（Punta del Vapor）	34°57.9′ S	54°56.4′ E	直线基线
5. 皮德拉斯角（Punta Piedras）洛沃斯岛（Islote de Lobos）周边	34°54.3′ S	54°48.4′ E	脱离正常
6. 洛沃斯岛（Islote de Lobos）东南端	35°01.7′ S	54°52.0′ E	脱离正常
7. 何塞—伊格纳西奥角（Punta José Ignacio）	34°51.0′ S	54°38.1′ E	正常基线
8. 圣玛利亚角（Cabo Santa María）	34°40.1′ S	54°09.0′ E	直线基线
9. 拉帕洛玛角（Punto de La Paloma）防波堤开端的东浅滩	34°39.3′ S	54°08.2′ E	直线基线
10. 彼德拉内格拉（Piedra Negra）南端	34°24.1′ S	53°44.8′ E	直线基线
11. 马科岛（Isla del Marco）南端	34°21.0′ S	53°44.3′ E	直线基线
12. 帕尔马角（Punta del Palmar）浅滩	34°04.0′ S	53°44.3′ E	直线基线
13. 玛利亚皮亚浅滩（Shoal María Pía）	34°03.0′ S	53°32.0′ E	直线基线

续 表

地理位置	纬　度	经　度	点之间基线的划定
14. 迪亚夫洛角（Punta del Diablo）	34°02.5′ S	53°32.0′ E	直线基线
15. 莫戈特角（Punta Mogote）	34°00.1′ S	53°32.0′ E	直线基线
16. 位于科洛尼拉岛（Isla Coronilla）东南方向的小岛	33°56.6′ S	53°28.5′ E	直线基线
17. 科洛尼拉岛东北端	33°56.3′ S	53°28.7′ E	直线基线
18. 科洛尼拉角（Punta de la Coronilla）	33°55.4′ S	53°30.5′ E	正常基线
19. 乌拉圭东岸共和国和巴西的海上边界与海岸线的交叉点	33°44.8′ S	53°22.0′ E	

委内瑞拉
Venezuela

（英文文本截止于 2009 年 1 月 16 日）

领海、大陆架、渔业保护和领空法
（1956 年 7 月 27 日）

···········

第二条

领海一般应从低潮线量起。若海岸线非常曲折或紧接海岸有一系列岛屿的地方要求采用特殊制度，或某一特定地区的特殊利益证明要采用特殊制度，测量应从直线基线开始。

直线基线内的水域应视为构成国家领土的一部分。

国家政府应确定直线基线。直线基线应标示在官方地理海图上。

···········

第二章 大 陆 架

第四条

委内瑞拉应对邻接委内瑞拉领土并位于领海外的水下陆架的海床和底土拥有和享有主权。该水下陆架处于水下 200 米的深度，或超出该深度处于依据勘探和开发的技术允许开发海床和底土资源的深度。在大陆架海床上的海沟、海槽和不规则地形不构成对陆架连续性的破坏，并且其位置或地理条件与大陆架相关的斜坡也应包括在大陆架中。

委内瑞拉的大陆架应包括经确定的共和国岛屿大陆架。

第五条

为勘探和开发大陆架所必要的设施应受共和国主权的限制，并且在围绕此类设施设立的安全区，共和国得采取其认为为保护这些设施所必要的措施。

第六条

在勘探和开发大陆架的过程中，国家应确保不会对航行、渔业或渔业资源的发展造成干扰。国家还应确保采取与电缆、输油管和类似设施有关的适当预防措施。

第三章 渔业保护

第七条

对委内瑞拉大陆架上定居种鱼类的勘探和开发应受国家政府事前授权和控制的限制。

…………

总　统　令

（1968 年 7 月 10 日）

本人，劳尔·莱奥尼（Raul Leoni），共和国总统，行使《国家宪法》对本人的授权并遵守《领海、大陆架、渔业保护和领空法》和《〈大陆架公约〉批准法》；

考虑到根据《领海、大陆架、渔业保护和领空法》第二条和第四条，以及《〈大陆架公约〉批准法》的后续条款，有一些地方的大陆沿岸和岛屿要求划定测量领海的直线基线的情况；

考虑到委内瑞拉沿岸不同地域存在的地理条件要求在共和国沿岸确定上述基线，特颁布以下法律：

第一条

委内瑞拉沿岸的一部分区域包括了处于埃塞奎博河（Essequibo River）分界线与联邦领土阿马库罗三角洲（Delta Amacuro）的阿尔瓜皮什角（Arguapiche Point）之间的一点。在该区域，从以北纬 9°27′30″ 和西经 60°42′00″ 为坐标的点到以北纬 8°26′00″ 和西经 59°34′30″ 为坐标的点划定直线基线。

第二条

该区域的委内瑞拉领海和毗连区在已划定直线基线的地方从该直线基线量起，在其他地方从低潮线量起，但第四条的规定除外。

第三条

委内瑞拉明确保留对圭亚那主张归还的领海的主权权利。该部分领海指埃塞奎博河的河口与瓜伊尼亚河（Guainia River）的河口之间领土沿岸的 3 海里狭长水域，以及在上述区域由本法令划定的直线基线所确定的内侧水域。

第四条

埃塞奎博河河口的直线基线将与邻国的直线基线一致。

第五条

此后公布的官方文件将详细规定本法令采纳的测量方法。

第六条

外交部、国防部、公共工程部、农业部和通信部的部长负责实施本法令。

关于沿大陆和岛屿建立 200 海里专属经济区的法律
（1978 年 7 月 26 日）

第一条 建立专属经济区

兹在沿委内瑞拉共和国大陆和岛屿的领海以外并邻接领海的区域，建立专属经济区。该区域受依本法建立的制度限制。

第二条　专属经济区的宽度

专属经济区的外部界限为一条其上各点距离测算领海宽度的基线 200 海里的线。

如上述宽度的专属经济区与其他国家的专属经济区发生重叠，在必要的情况下，应通过与该国的协定划定相关区域。

第三条　共和国在专属经济区的权利

1. 在本法所建立的专属经济区内，共和国享有：

（1）以勘探、开发、养护和管理海床及其底土和上覆水域的自然资源（不论是生物资源还是非生物资源）为目的的主权权利，以及关于在该区域内从事经济性开发和勘探，如利用海水、海流和风力生产能等其他活动的主权权利。

（2）本法规定的管辖权以及与下列事项有关的管辖权：

（a）人工岛屿、设施和结构的建造与使用；

（b）海洋科学研究；

（c）海洋环境的保护与保全。

2. 本条规定的有关海床和底土的权利应按照有关大陆架的规定行使。

第四条　其他国家在专属经济区的权利

在本法有关条款的限制下，各国（不论是沿海国还是内陆国）在共和国的专属经济区内均享有航行和飞越的自由、敷设海底电缆和管道的自由，以及与航行和通信有关的海洋其他国际合法用途。

第五条　生物资源的养护

1. 国家执行委员会应定期确定共和国专属经济区内生物资源的允许捕获量。

2. 国家执行委员会应参照现有科学证据，制订适当的养护和管理措施，确保专属经济区内的生物资源不受过度开发的危害。在适当情况下，共和国将为此目的同有关的分区域、区域和国际组织进行合作。

3. 本条提到的措施应考虑到有关环境和经济因素，以使捕捞鱼种的数量维持或恢复到能够生产最高持续产量的水平。

第六条　生物资源的利用

1. 共和国应在不妨害第五条各款的情形下促进专属经济区内生物资源

的最适度利用。

2. 执行委员会应确定共和国捕捞专属经济区内生物资源的能力。共和国在没有能力捕捞上述确定的全部可捕量时，应通过协定或其他安排，并按照本法的一个或几个规章所规定的条款、条件和规则，允许其他国家捕捞可捕量的剩余部分。

第七条 同其他国家协调养护生物资源的措施

1. 共和国直接地或通过分区域或区域主管机构，就协调和保证共和国专属经济区和邻国专属经济区同一种群或有关联的生物种群的养护和开发措施达成协议。

2. 如果在共和国的专属经济区和该区以外，但不包括在任何其他国家专属经济区内的区域里存在着同一种群或有关联的生物种群，共和国与在该邻接区域内捕捞此种群的国家，应就养护该种群的必要措施谋求一致协议。

第八条 专属经济区内的人工岛屿、设施和结构

1. 共和国在专属经济区内应有专属权利建造并授权和管理建造、操作和使用：

（1）人工岛屿；

（2）为本法第三条所规定的目的和其他经济目的的设施和结构；

（3）可能干扰共和国在区域内行使权利的设施和结构。

2. 共和国对此种人工岛屿、设施和结构应有专属管辖权，包括关于有关海关、财政、卫生、安全和移民规章方面的管辖权。

3. 为确保航行安全，此种人工岛屿、设施或结构的建造必须妥为通知，并必须对其存在维持永久性的警示。已被放弃或不再使用的任何设施和结构，必须全部撤除。

4. 共和国可于必要时在这种人工岛屿、设施和结构的周围设置合理的安全地带，并可在该地带中采取适当措施以确保航行以及人工岛屿、设施和结构的安全。

5. 执行委员会应参照可适用的国际标准确定安全地带的宽度。此种地带的设置应确保其与人工岛屿、设施或结构的性质和功能有合理的关联。此种地带从人工岛屿、设施和结构的外缘各点量起，不应超过此种人工岛屿、设施或结构周围 500 米的距离，但为一般介绍的国际标准所许可或相关国

际组织所建议者除外。

6. 所有船舶必须尊重这些安全地带，并应遵守关于在人工岛屿、设施、结构和安全地带附近航行的、一般接受的国际标准。安全地带的范围应妥为公布。

7. 人工岛屿、设施和结构及其周围的安全地带，不得设在可能对公认的国际航道的使用造成干扰的地方。

8. 人工岛屿、设施和结构不具有自己的领海，其存在也不影响领海、专属经济区或大陆架的划界。

第九条 科学研究

1. 在专属经济区内进行科学研究应经共和国事先同意。

2. 共和国不应拒绝海洋科学研究计划，除非该计划：

（1）与勘探和开发生物资源和非生物资源有直接关系；

（2）涉及钻探、炸药的使用或将有害物质引入海洋环境；

（3）涉及本法第八条所指的人工岛屿、设施和结构的建造、操作和使用；或者

（4）非法干扰共和国依其管辖权和本法各条款所进行的经济活动。

图书在版编目（CIP）数据

世界海洋法译丛 . 美洲卷 . Ⅱ / 张海文，李红云主编 . —青岛：
青岛出版社 , 2017.12
ISBN 978-7-5552-6361-6

Ⅰ . ①世… Ⅱ . ①张… ②李… Ⅲ . ①海洋法 – 美洲
Ⅳ . ① D993.5

中国版本图书馆 CIP 数据核字（2017）第 314181 号

书　　名	**世界海洋法译丛 · 美洲卷 Ⅱ**
主　　编	张海文　李红云
出 版 人	孟鸣飞
出版发行	青岛出版社（青岛市海尔路 182 号，266061）
本社网址	http://www.qdpub.com
责任编辑	张文健
特约审读	陈奕彤
封面设计	张　晓
照　　排	青岛双星华信印刷有限公司
印　　刷	青岛国彩印刷有限公司
出版日期	2017 年 12 月第 1 版　2017 年 12 月第 1 次印刷
开　　本	16 开（710mm × 1000mm）
印　　张	16.25
字　　数	250 千
书　　号	ISBN 978-7-5552-6361-6
定　　价	180.00 元

编校印装质量、盗版监督服务电话　4006532017　0532-68068638